# 高校商务英语专业课程与实践教学研究

刘亚琼 ◎ 著

吉林出版集团股份有限公司

**版权所有　侵权必究**

**图书在版编目（CIP）数据**

高校商务英语专业课程与实践教学研究 / 刘亚琼著
. — 长春：吉林出版集团股份有限公司，2023.8
ISBN 978-7-5731-4225-2

Ⅰ．①高… Ⅱ．①刘… Ⅲ．①商务－英语－教学研究－高等学校 Ⅳ．①F7

中国国家版本馆 CIP 数据核字（2023）第 176517 号

## 高校商务英语专业课程与实践教学研究
GAOXIAO SHANGWU YINGYU ZHUANYE KECHENG YU SHIJIAN JIAOXUE YANJIU

| 著　　　者 | 刘亚琼 |
| --- | --- |
| 出版策划 | 崔文辉 |
| 责任编辑 | 徐巧智 |
| 封面设计 | 文　一 |
| 出　　　版 | 吉林出版集团股份有限公司 |
| | （长春市福祉大路 5788 号，邮政编码：130118） |
| 发　　　行 | 吉林出版集团译文图书经营有限公司 |
| | （http://shop34896900.taobao.com） |
| 电　　　话 | 总编办：0431-81629909　营销部：0431-81629880/81629900 |
| 印　　　刷 | 廊坊市广阳区九洲印刷厂 |
| 开　　　本 | 710mm×1000mm　　1/16 |
| 字　　　数 | 250 千字 |
| 印　　　张 | 14 |
| 版　　　次 | 2023 年 8 月第 1 版 |
| 印　　　次 | 2024 年 1 月第 1 次印刷 |
| 书　　　号 | ISBN 978-7-5731-4225-2 |
| 定　　　价 | 78.00 元 |

如发现印装质量问题，影响阅读，请与印刷厂联系调换。电话：0316-2803040

# 前　言

　　英语，作为全世界使用最广泛的语言之一，早已成为从事商务活动的人了解世界各个领域发展状况和最新信息、对外开展经济合作和进行商务交流的重要工具。全球化趋势使人们对于国际贸易以及与国际贸易相关课程的学习热情越来越高涨。

　　商务英语是有专门作用的英语，其于2012年被教育部正式列入大学本科专业基本目录而受到更加广泛的关注。现在，很多高校和专业学校，都对商务英语进行了专门的分类，分出专业进行招生，以扩大商务英语的推广与广泛应用。因此，商务英语的概念、教育内容、教育方式方法等也受到了广泛重视。

　　作为实用性、应用性较强的英语语言，商务英语的应用范围十分广泛，并且在长期使用的过程中，根据事务的性质和应用的场合逐渐形成了若干的固定的篇章结构和格式。因此，商务英语作为国际贸易活动中不可或缺的沟通工具，其教学也成为外语教学中越来越重要的一个组成部分。商务英语的教学也成了顺应时代要求、培养特定的复合型人才的一个重要部分。因此，商务英语阅读教学作为商务英语教学中的重要环节，应该得到高度的重视。

　　由于水平有限，时间仓促，书中不足之处在所难免，恳请各位读者、专家不吝赐教。

# 目  录

## 第一章  商务英语概述 … 1

第一节  商务英语教学的产生 … 1
第二节  商务英语不同认识视角的分析 … 7
第三节  商务英语语言与普通英语语言 … 15
第四节  商务英语的多元化视角分析 … 22
第五节  商务英语教学目的系统认识 … 30
第六节  商务英语教学中的语言观、商务观、方法观、人文观 … 41
第七节  对商务英语教学的全面思考 … 53

## 第二章  商务英语教学的理论应用 … 58

第一节  莱特博恩理论观的应用 … 58
第二节  建构主义学习理论观的应用 … 63
第三节  人本主义理论观的应用 … 68
第四节  信息论和系统论理论观的应用 … 71
第五节  耗散论和协同论理论观的应用 … 78
第六节  需求分析理论观的应用 … 94

## 第三章  商务英语专业课程的改革实践 … 103

第一节  商务英语专业校企合作模式课程的改革实践 … 103
第二节  商务英语模拟实践教学中心的构建 … 109
第三节  商务谈判课程教学模式探讨 … 116

  第四节 商务英语专业实践教学模式研究 ⋯⋯⋯⋯⋯⋯⋯ 122

  第五节 商务英语教学中的跨文化交际能力培养 ⋯⋯⋯⋯⋯ 127

  第六节 商务英语口译课程研究 ⋯⋯⋯⋯⋯⋯⋯⋯⋯⋯⋯⋯⋯ 132

  第七节 商务英语专业中的商务英语阅读课程 ⋯⋯⋯⋯⋯⋯⋯ 137

  第八节 商务英语翻译课程存在的问题及改进措施 ⋯⋯⋯⋯⋯ 141

第四章 商务英语专业课程中的口语教学实践设计 ⋯⋯⋯⋯⋯⋯⋯⋯ 146

  第一节 交际技巧实践教学 ⋯⋯⋯⋯⋯⋯⋯⋯⋯⋯⋯⋯⋯⋯⋯ 146

  第二节 电话技巧实践教学 ⋯⋯⋯⋯⋯⋯⋯⋯⋯⋯⋯⋯⋯⋯⋯ 154

  第三节 演讲技巧实践教学 ⋯⋯⋯⋯⋯⋯⋯⋯⋯⋯⋯⋯⋯⋯⋯ 161

  第四节 会议技巧实践教学 ⋯⋯⋯⋯⋯⋯⋯⋯⋯⋯⋯⋯⋯⋯⋯ 167

  第五节 谈判技巧实践教学 ⋯⋯⋯⋯⋯⋯⋯⋯⋯⋯⋯⋯⋯⋯⋯ 172

第五章 商务英语专业课程中的写作教学实践设计 ⋯⋯⋯⋯⋯⋯⋯⋯ 176

  第一节 函件写作技巧实践教学 ⋯⋯⋯⋯⋯⋯⋯⋯⋯⋯⋯⋯⋯ 176

  第二节 报告写作技巧实践教学 ⋯⋯⋯⋯⋯⋯⋯⋯⋯⋯⋯⋯⋯ 182

  第三节 备忘录写作技巧实践教学 ⋯⋯⋯⋯⋯⋯⋯⋯⋯⋯⋯⋯ 189

  第四节 简历及求职信写作技巧实践教学 ⋯⋯⋯⋯⋯⋯⋯⋯⋯ 195

  第五节 会议议程及记录写作技巧实践教学 ⋯⋯⋯⋯⋯⋯⋯⋯ 200

第六章 商务英语专业课程中的案例及词汇教学实践设计 ⋯⋯⋯⋯⋯ 204

  第一节 案例实践教学步骤 ⋯⋯⋯⋯⋯⋯⋯⋯⋯⋯⋯⋯⋯⋯⋯ 204

  第二节 案例选择要求 ⋯⋯⋯⋯⋯⋯⋯⋯⋯⋯⋯⋯⋯⋯⋯⋯⋯ 205

  第三节 营销专题实践教学 ⋯⋯⋯⋯⋯⋯⋯⋯⋯⋯⋯⋯⋯⋯⋯ 206

  第四节 管理专题实践教学 ⋯⋯⋯⋯⋯⋯⋯⋯⋯⋯⋯⋯⋯⋯⋯ 209

  第五节 管理及营销专题的词汇训练 ⋯⋯⋯⋯⋯⋯⋯⋯⋯⋯⋯ 212

参考文献 ⋯⋯⋯⋯⋯⋯⋯⋯⋯⋯⋯⋯⋯⋯⋯⋯⋯⋯⋯⋯⋯⋯⋯⋯⋯⋯⋯ 217

# 第一章 商务英语概述

## 第一节 商务英语教学的产生

语言学认为，语言是随着社会的发展而发展的。在 20 世纪以后，人类社会开始进入了一个前所未有的、大规模的科技和经济高速发展的时代。英语成了国际上科技和经济活动中最通用的语言交际工具。

近年来，从人才市场反馈回来的信息表明，市场经济体系的逐步完善，交流领域的进一步扩大，人们对英语的需求越来越高。现在英语教育以普通用途英语教育为主，这在市场经济环境下表现出了它的不适应性。于是，高校教育提出了教育要适应社会需求的要求。全社会对高素质的外经贸人才的需求急剧增加，其中各类院校商务英语专业的毕业生备受外经贸企业的欢迎，许多院校加大英语教学改革的力度，在继续办好原有的英语语言文学专业的同时，纷纷开设不同层次的商务英语专业，以满足社会对复合型英语人才的需求。

### 一、商务英语教学的发祥

张佐成在《商务英语的理论与实践研究》一书中写道，20 世纪 50 年代初在北京设立的高级商业干部学校，即对外经济贸易大学的前身，是商务英语教学的发祥地。根据 2001 年版《对外经济贸易大学校志》，高级商业干部学校是培养对外贸易干部的专门教育机构。学校最初开设外语翻译专业，为对外贸易培养翻译人才。该校的后身，即北京对外贸易学院和对外经济贸易大学，继承了这一传统，招收面向广义或狭义的国际商务的英语专业学生。

## 二、"本色"与"特色"、"正统"与"异化"的争论

关于"本色"与"特色"、"正统"与"异化"的争论，彭青龙（2005）认为，中国高等教育进入大众化阶段以后，英语专业人才的培养模式面临着前所未有的挑战。招生规模的扩大，就业压力的增加，使得人们对外语语言文学专业的培养模式产生了怀疑。于是，在英语界出现了"本色"与"特色"、"正统"与"异化"的争论，即外语专业人才的培养是坚持"语言文学的本色"，还是强调"与其他专业结合的特色"。一些经院派的教授主张英语专业发展必须回归"本色"，而另一些年轻的学者，强调语言是一种交际工具，必须与某一专业或某门学科相结合，同时为了缓解学校与学生之间、学校与用人单位之间、任课教师与学生之间的矛盾，一些高校开始开设商务英语专业。

## 三、中国商务英语教学发展的历程

从 20 世纪 70 年代末开始，英语专业的学生除了需要学习英语语言外，还需要学习商务知识，学校开设了相关的商科课程，如国际营销、企业管理、国际贸易、国际经济合作等课程，学习这些课程就是为了把商科知识和语言知识融合在一起，即在学习语言的同时学习商务知识，在学习商务知识的同时提升语言的能力。自 20 世纪 80 年代中后期以来，我国已有 300 余所大专院校开设了国际商务英语课程或设立了国际商务英语学科，我国商务英语教学起步较晚，针对这方面的教学与研究是从 20 世纪 90 年代兴起的并很快形成热潮。20 世纪 90 年代是商务英语在中国快速发展的时期。商务英语作为中国大学培养复合型英语人才的一种途径开始受到广泛重视。目前我国一些实力较强的经贸类院校和外语院校不但招收了商务英语专业的本科生和专科生，还招收以商务英语为研究方向的硕士研究生；中国国际贸易学会还成立了国际商务英语专业委员会。

戴年在《中国从无到有的商务英语学科》一文中写道，中国商务英语学科的创立与发展与国外 ESP 理论的确定和发展有关，也与其他各学科的融合相连，但是促使商务英语学科在中国兴起与繁荣的主要动力却是中国的外向型经济与世

界经济全球化的大环境。英语人才的需求变化促发了我国英语教育培养目标的改革。

中国的商务英语教学可以追溯到20世纪50年代初,当时的课程被称作"外贸英语,并一直沿用到80年代"。(王关富,徐伟)然而,商务英语作为独立的学科被承认则仅仅是在2007年,即教育部2007年首次批准在对外经济贸易大学设立我国第一个商务英语本科专业。这标志着商务英语经过50多年的发展,第一次在我国高等教育本科专业序列中取得了应有的学科地位。继对外经济贸易大学设立商务英语本科专业之后,2008年教育部又批准广东外语外贸大学和上海对外贸易学院开办商务英语本科专业。在此之前的10多年中,尽管不少高校的英语专业转往商务英语方向发展,教师的商务英语研究成果辉煌,学生热衷于报考商务方向的英语专业,全国范围的商务英语研讨会越开越大,但商务英语不被承认为学科,这却是事实。

目前我国高校的商务英语专业教学在认识上还存在不同程度的偏颇。专家认为现行的商务英语课程体系,从教材选择、教学环节到教学方法基本上沿袭了普通高校大学英语的教学模式,未形成具有职业特色的课程体系。此外,学术界对商务英语专业学科的定位也存在争议:商务英语专业培养的是懂英语的商务人才还是懂商务的英语人才?我们需要的是具有深厚英语功底的商科教师还是具有商科背景的英语教师?在教学中是以英语教商务还是以商务为内容教英语?

在这里,商务英语是英语语言和商科知识的完全融合,在语言的学习使用过程中学习商科知识,在商科知识的学习过程中提升语言的应用能力,二者相辅相成,不应该单独强调哪一个方面,二者的地位应该是相等的。

## 四、商务英语在贸易领域中的重要作用

英语在货物进出口贸易的程序中,在交易磋商与签约环节上至关重要。拟订书面合同时,应使用规范的商业英语,遵循比较固定的条款模式,尽可能采用习惯用语,力求措辞准确、严谨、行文简洁,不留漏洞,避免解释上的分歧。在此过程中,对进出口商品专业术语的正确理解和应用将直接关系到商品交易中的经

济效益甚至交易的成败。

商务函电是商务活动的一个重要组成部分，是通过邮寄或其他电讯设施（电话、电报、电传、互联网等）而进行的商务对话，并常常被用作一种商务行为或合同的证据。商务函电通常是为达到某种特定目的如销售商品、定价、咨询信息、索赔、商务问候等。在21世纪信息时代，要充分利用函电简便、快捷的优势，提高业务量和效率。商务英语用于翻译服务要求必须忠实于原文，不得肆意发挥，也不得压缩削减（这里不是指节译、摘译之类），亦即必须一比一地再现原作的风姿。因此，译文的语言应规范化。正如鲁迅所说的，"凡是翻译必须兼顾两面，一则当然为求其易解，一则保存着原作的风姿"，作为翻译标准无疑是适用的。

随着外国广告的大量涌入，如何恰如其分地运用和理解英语广告语言以实现广告的目的，已是摆在进出口商、广告人员及广大消费者面前的一个现实问题。广告英语作为一种应用语言，因其所具有的特殊效用，已逐渐从普通英语中独立出来而发展成非规范化的专用语言，用词造句与普通英语也有许多差异，并随着广告的发展、时代的前进、科技的进步及社会的变更而变化。由于广告本身的目的就在于能给目标对象留下深刻印象，博取人们喜爱，所以许多广告都是经几番推敲而就，用词优美独到，句法简练而内涵丰富，回味无穷，不仅具有很高的商业价值，同时具有一定的语言研究价值和欣赏价值。

## 五、学习商务英语的必要性

随着外资企业的不断增多，越来越多的人开始在外企里工作。虽然工作性质、工作场地有所不同，但是他们都会遇到同样的问题，就是如何从事涉外经济贸易活动，如何在外商经营的企业里占有一席之地。语言差异无疑是这些人所遇到的最大障碍，在我们熟知的生活英语、学术英语之外，商务英语是现代外资企业中最重要的交流工具。

从客观上看商务英语比较直白，要求严谨准确，趣味性不强。但是工作类语言和工作是相辅相成的，所有人都需要工作或面临着工作，因此它成为生存语言和发展语言，对谁都不可或缺。国外把标准化的商务英语作为选择非英语为母语国家员工的标准，成为进入国际化企业的通途。由此可见，解决这个问题就需要实行商务英语的"专业化"。

同时，语言是一种特殊的人力资本，是人们获得其他各种技能所必不可少的先期投资，是获得资本的资本。学习商务英语是一种经济投资。

## 六、商务英语教学的机遇与挑战

随着教育服务业的开放，商务英语教学也将受到全球化的洗礼。用一句时髦的话说，商务英语教学同样是机遇与挑战并存。经济一体化特征越来越明显，国际商务活动越来越频繁。商务英语的应用越来越广泛，作用越来越突出，具有较强商务英语能力的高素质人才越来越成为经济和社会发展的迫切需求。商务英语教学的机遇与挑战并存。

### （一）商务英语教学的机遇

发达国家非常重视商务英语教育。他们的外语教学界把商务英语教学视为专用英语教学（ESP）的一个领域。在英国，各大经贸类院校都开设了商务英语课程：牛津大学、剑桥大学推出了国际性商务英语考试证书；伦敦商会设立了商务英语证书的培训和考试；在美国，普林斯顿考试中心向全世界推出了以商务英语为核心的国际交际英语考试中心；哈佛大学、斯坦福大学、伯克利大学等名校都开设了商务英语课程。英美的主要广播公司每天都播出商务英语教学节目；同时，在英语国家的大小城市，拥有为数众多的商务英语培训学校。同时，我国商务英语教学也以惊人的速度发展：中国国际贸易学会成立了国际商务英语专业委员会，这是我国商务英语学科建设发展的重要标志，更是我国商务英语教育面临新挑战的时代产物。

### （二）商务英语教学面临的挑战

传统英语专业注重的是语言能力的培养，而商务英语则是一门集语言与专业知识于一体的学科，重视实际的应用，重视实践能力。现阶段我国各商务英语专业虽然都开设有口语课，并且通常是外教任教，但题材常常局限于一些生活用语，与商务联系不大，不能体现专业的特点，对于学生实际专业知识的运作能力培养几乎没有。不能把英语学习放在真实的商务场景中，在一定程度上直接导致了商务英语专业毕业的学生达不到预期的教学目标，教学效果比较差，不能突出专业性和职业性。

### （三）商务英语教学改革的必要性

1. 教学内容的改进

从教学实践上看，商务英语教学改革应考虑如何改进教学内容，与时俱进，把最新的现代管理、经济、金融、法律方面的知识传授给学生。

2. 教学质量的提高，凸显现代网络技术

以网络技术为平台，Internet 上的虚拟世界能为教学提供一个完全真实的学习环境，让学生通过网上学习、练习、答疑、讨论来巩固学生在课堂上所学的知识。同时，学生可不受时空的局限得到全方位接触外语语言与文化的机会。

3. 教学目标实现的重要保证是引进国外优秀原版教材

目前我国书市上的商务英语教材种类繁多，但是质量参差不齐。所以，引进国外优秀原版教材非常必要，这样学生既学习了英语，又获取了专业信息。授课可以采取全英语授课或双语教学的方式。

4. 跨文化意识的培养

国际商务处于多元文化之中，因此，帮助学生开阔视野，扩大知识面，加深对世界的了解，培养他们对不同文化的敏感性十分迫切。教学内容的选择，对不同国家和地区的历史文化、宗教信仰、民情风俗、烹饪特色等，应当有意识地向学生做介绍。

总之，商务英语在全球经济、文化、教育等领域发挥着越来越重要的作用。商务英语教学必须与时俱进，充分发挥自身优势。只有这样才能培养出合格的，适应 21 世纪社会需求的，创新型、国际型、复合型的商务英语应用型人才。

## 第二节　商务英语不同认识视角的分析

张佐成在《商务英语的理论与实践研究》一书中从专门用途英语视角、英语的社会功能变体视角和学科专业视角归纳了国内外专家学者对商务英语的认识，部分内容从不同的角度对每种视角进行了进一步的分析和探讨。商务英语应该是多元化的教学，是几种视角的综合，是理论与实践完全结合的教学，而且实践性很强。我们在进行商务英语教学时，不应该单独从哪个视角出发来认识这个专业，也就是不应该偏重语言教学或者是偏重专业知识（商科知识教学），而是应该以一定的语言为基础，把语言教学完全融入专业教学中，进而在专业教学中强化语言教学，同时加强实践教学和人文素质教育。

### 一、专门用途英语认识视角的分析

商务英语是在专门用途英语的理论框架下提出来的，是专门用途英语的一个分支或种类。（张佐成，2009）专门用途英语是指与某种特定职业、学科或目的相关的英语，是世界经济全球化背景下当代语言学、教育学理论和英语教学实践相结合的成果，起源于20世纪60年代，它有两个明显的特征：一是由于特定职业的需要，学习者的学习目的具有明确性，即学习者需要获得在某学科、某行业内使用英语的能力；二是学习内容的专门化，它和传统的通用英语不同，专门用途英语是使学习者在某一专业或职业上实现英语知识和技能专门化的应用性课程，在题材、结构、语法、词汇等方面都具有自身的特点，同时也与各行业的专业知识密切联系。

#### （一）商务英语的界定

关于商务英语的属性或学科定位，一直处于模糊不清的境地。要确立商务英语的学科地位，首先要对其属性有一个合理、明确的界定。从 Halliday 在与他人合著的 *The Linguistic Sciences and Language Teaching* 一书中，我们可以看出商务英语属于专门用途英语。Hutchinson Waters 也认为，商务英语应该属于专门用途英语的一个分支。商务英语（Business English 或 English for Business）是人们从事国际商务活动时所使用的，以英语为载体，以商务知识为核心的一种专门用途英语。商务英语教学最初的目的是培养学员的有效交际能力，并不要求实现精确交流（Evans T.D. & John M.J.，1998），但现在国内外的学者普遍认为，商务英语作为专门用途英语的一个分支，教师在教学上既要注重语言基本功与语言运用能力的培养，又要注重商务知识的传授，提高学生在英语文化背景下商务知识的应用能力。

### （二）学习商务英语的目的

当今英语世界的文字交流有 80% 是以专门用途英语为媒介的。有关资料显示，从 20 世纪 70 年代起 ESP 教学理论和教学实践在很多国家普及开来。直至 20 世纪 70 年代末我国英语教育界才开始对 ESP 给予关注。进入 80 年代后，我国的 ESP 教学曾出现很好的势头。90 年代中期，随着培养复合型人才呼声的高涨和英语教学改革的深入，ESP 教学又成为英语教育界的热门话题。

在经济全球化趋势的影响下，人们学习英语不再单纯是为了应试或应对一般的交流，而更多是为了能使用英语更好地处理商务事宜、获取行业信息、销售和推广产品等。正是基于此，国内许多高校纷纷开设了商务英语专业或增设了商务英语课程，目的是要培养出既有出众的语言能力，又熟悉商务知识的复合型、应用型人才。

### （三）商务英语作为专门用途英语的特点与教学理论

1.ESP 的特点

Halliday 在 1964 年提出了 ESP 的概念 ESP 是指"内容和目标由特定学习者群体的特殊需要而定的语言课程或教学计划"。它是与某种特定职业、学科或目的相关的一种英语语言的变体。它的教学既包含英语语言技能的训练，又有明显的专业内涵，它有独特的词汇、句法和结构模式，是语言技能训练与专业知识的结合。目前我国各行业急需既有扎实的英语基本功，又熟练掌握从事实际工作所需的行业英语，还通晓特定行业一般知识的复合型人才。

2. 专门用途英语教学研究经历的五个发展阶段

专门用途英语教学的每个阶段都与语言习得理论或是语言学理论紧密相连。

第一阶段是行为主义和结构主义理论的影响阶段，时间在20世纪60年代末期。在这一时期，专门用途英语教学主要采取语域分析和句型练习两种方式。行为主义理论者认为语言学习过程由刺激、反应、模仿和加强练习四个步骤组成，此理论来源于苏联著名的生物学家巴甫洛夫的条件反射。根据这种语言理论，教师在教学过程中应该向学生提供大量的句型练习，学生通过机械地模仿来掌握所要学习的知识和内容。除此之外，在这一时期，在专门用途英语教学的调查中，语言学家把许多不同专业的英语材料聚集在一起，通过对比进行分析，试图找出专门用途英语的一般教学规则。最后，他们发现不同专业的英语在阐述问题时的语言风格是不一样的。

第二个阶段是语言能力理论的影响阶段。一些语言学家，如英国的Henry，根据乔姆斯基提出的语言能力理论提出了文本和修辞分析法。20世纪50年代末期，乔姆斯基创立了转换生成语法理论，对当时盛行的行为主义进行了批判。语言能力不同于语言行为，它是潜在的。按照乔姆斯基提出的语言能力概念，人的大脑里本身储存着一个语言学习系统，能够理解语言。由于这种语言能力，人们可以理解无限数量的句子，辨认语法错误，理解模糊含义的句子。乔姆斯基认为语言研究的最终目标是认识母语的语言能力，而不是语言行为。受这一理论的影响，语言学家试图通过各种训练来使得学生获得语言能力，提高学生的交际能力。

第三个阶段是功能语法和社会语言学理论的影响阶段。语言学开始用情景分析法来进行专门用途英语教学。在很长时间里，情景分析法一直是专门用途英语的主要研究方法。它是建立在功能语法和社会语言学理论基础上的。社会语言学家认为语言是社会交流的工具。功能语言学家则坚持认为学生在学习过程中受到很多因素的制约。这些因素是语言交际的组成部分。它们互相依赖，构成一个有机整体。在语言教学各种理论的影响下，教师再次确认了培养学生交际能力的重要性，认为学生应该学会在各种不同情况下如何做出适当的反应，而不是只学习词汇和语法。教会学生交际能力的唯一有效方法就是让学生处于不同情景中，学习相关的表达法。

第四个阶段是认知主义理论的影响阶段。在这一阶段，语言学家开始综合使用学习策略和语言技巧两种方法。语言学家不再把语言表层结构作为语言教学的重点。他们把人作为一种具有认知能力的动物进行研究，开始关注人在使用语言时的思维活动过程。

第五个阶段是需求分析理论的影响阶段。在这一阶段，语言学家开始使用需求分析理论。商务英语是专门用途英语，在专门用途英语中使用的教学法和语言材料是根据需求分析而选择的。语言学家认为学习是课堂活动的中心，教师在教学过程中应该充分考虑学习者的需求。某些需求是由实际情况决定的。

### （四）商务英语作为专门用途英语存在的依据

1. 商务英语是英语教学发展的产物

商务英语虽然是在特定的商务环境下使用的英语，但它还具备普通英语的特点，它是在普通英语的基础上发展起来的，作为国际商务活动交流的主要语言，商务英语承继了普通英语的许多特点。因此，适用于普通英语教学的理论。比如，需求分析理论、建构主义理论、信息论和系统论等也同样适用于商务英语教学，这在后面的篇章中将会详细进行论述。

英语教学是一项社会活动，随着社会的发展，教学活动的内容和方法也在不断地改进。从 Halliday 与他人合著的 *The Linguistic Sciences and Language Teaching* 一书中对 ESP 的定义中，我们可以看出商务英语属于专门用途英语。Hutchinson & Waters 也认为，商务英语应属于专门用途英语的一个分支。伴随着经济的快速发展，知识经济时代的人才培养对我国的高等教育模式提出了更高的要求。社会对人才的需求已呈多元化趋势，以英语为交流工具和工作手段的商务英语人才也必须以服务社会、服从经济发展为目的，求得全方位、高质量的发展。商务英语是语言学理论发展的产物。最初人们研究语言时着重语言本身，但随着社会的发展，历时语言学产生，到了 20 世纪初，语言学家索绪尔提出共识语言学，随之社会语言学也应运而生。社会语言学的兴起，为商务英语作为专门用途英语的产生和发展提供了理论基础。可见，商务英语是历史发展的必然产物。

2. 商务英语存在的理论依据

根据索绪尔的语言观，语言和言语是两个不同的概念。语言是言语能力的社会产物，是必要的惯例的总和，这种惯例为社会群体所接受，使每个人能进行言语活动。言语是个人运用自己的语言技能时的行为，因此是因人而异的，不同的人语言技能和技巧也是不同的。同时索绪尔还指出，研究语言就是要研究语言的交际性和功能性。所谓的语言功能就是指不同类别的言语行为，功能学派语言学家认为语言的功能就是语言的社会效能。语言具有交际、描述、内心表达等几大功能。所以我们说专门用途英语就是语言的一种功能变体，是专门供特定的社会文化群体所使用的言语范围。其实，在一定的社会文化群体中所特有的一种语言，在语言学中也叫语域。Halliday认为语域变异是由于语言使用的场合不同而产生的，专门语言都有其专门的词汇和语法，随着语言学的发展，词汇、语体、语域研究不断深入，商务英语存在的理论更加完善。

3. 商务英语存在的教学依据

随着经济的快速发展，国际商务空间的活动范围越来越广，涉及贸易、招商、融资、商务会议、展销等活动。同时与这些经济活动相伴随的是不同文化之间的交流与碰撞，这不仅可以促进不同国度人民之间的相互了解，也可以促进经济、贸易等各方面的合作。

随着国与国之间的合作和交流的深入，人们学习专门用途语言的欲望越来越强烈。1994年，国家教委制订了高等院校面向21世纪教学内容和课程体系改革计划。课题组最后对21世纪的中国和世界的外语专业人才提出了新要求：有扎实的基本功，宽广的知识面，一定的相关专业知识，较强的能力和较高的素质，面向21世纪的复合型外语人才，即"外语＋专业知识""外语专业方向""外语＋专业""专业＋外语"等模式。

### （五）商务英语作为专门用途英语的教学模式

根据系统功能语法对语言层次的解释，对基于系统功能语言学、社会语言观的专门用途商务英语教学模式做出探索。

1. 系统功能语法的语言观

系统功能语法所谈的语言是以语篇的形式出现的，是语境中的语篇。由于语篇是使用中的语言单位，是一种交际活动，所以它应该与交际的环境一致。语境（contexts）意指一个普遍的文化语境和一个具体的情景语境。文化语境是会结构的产物，是整个语言系统的环境（胡壮麟等，1987），可以被看作是特定文化中所能表达的意义的总和。文化语境对语言选择的影响是最广泛、最微妙的。情景语境是语篇的直接语境，可以被看作是促成语篇构成的所有相关特征的抽象化。

2. 语境中的语篇和语言

学生学习外语的目的是充分利用各种情景语境和社会文化语境中的语言潜势，成功地理解和创作各种语篇，专门用途英语教学模式的探讨也将相应地沿两条线索进行：语境中的语篇（texting context）和语言（language）。这两条线索是紧密相连的：语境中的语篇可以看作是较广泛的线索，而语言可以看作是英语中各种可用源泉的更具体的线索。两条线索都建立在语境的两个层次上：社会文化语境和情景语境。社会文化语境反映出影响语篇和语言的各种价值观念、信念和行为。这些价值观念、信念和行为通过英语文化中的各种体裁体现。包含在广泛的社会文化语境中的情景语境包括三个变量：语场（field）、语旨（tenor）、语式（mode）。

语言学习是一个动态的发展过程，除了注意课堂培训之外，还应积极创造语言环境，结合课外实践活动，安排课外学习任务，提高专门用途英语专业学生的综合能力。

3. 商务英语作为专门用途英语的教学模式应该遵循的理念

（1）"以人为本"教育观的确立

"以人为本"就是以学生成才为本。也就是高度重视发挥学生的主动性和创造性，唤醒学生的主体意识，培养独立人格，通过对受教育主体的尊重和承认，引导和突出学生个性发展，促进他们自我认识、自我训练、自我教育和自我提高的能力。把培养学生的技术应用能力和可持续发展能力作为整个教育教学工作的基点，具体来说应该贯彻以下原则：坚持教育学生和服务学生并重，专业能力培养和职业素养养成并重，专业基础理论教学和实践性教学并重，教学规范化管理与因材施教并重。

（2）"能力本位"人才观的确立

我国高等院校所倡导的"能力本位"就是以培养学生技术和岗位应用能力为主，具体培养为"具有良好的理论知识、较强的技术应用能力和沟通协调能力、较宽的知识面、高素质的专门人才"。所以，广大教育工作者要从国家经济建设和社会发展需要出发，在培养高等技术应用型人才的总构架下，按职业岗位对知识和能力的要求，坚持"人文先导，能力为本"的宗旨，面向地区经济建设和社会发展，适应就业市场的实际需要，以培养区域经济和行业人才需求为服务重点，围绕学生的发展与自我发展，培养与自我培养展开再塑过程，侧重培养学生的创业能力、就业竞争能力、技术应用能力和创新能力，增强学生分析问题和解决问题的能力、较强的实际工作能力，让学生"学会学习、学会生存、学会做事、学会沟通、学会协作、学会发展、学会提高"，把学生培养成能力强、素质高的应用型、复合型专门人才。

能力本位教育的教育内容如下："其教育方式是预先设计有系统之具体能力标准，然后依据学生个人的学习进度，以预先安排活动的方式引导学生获得该学科或行业的精通水准，其最终目的是要使学生的学习成果产生具体行为表现。"（李细平，2008）

（3）"零距离上岗"质量观的确立

"零距离上岗"就是零适应期。现代企业发展对人才需求提出的新要求是毕业生一到企业即能上岗，这是衡量现代人才培养的新标准，是现代企业用人的最佳标准。而商务英语教育就是在商务环境下的就业教育，是以适应性为宗旨，以能力为本位，培养既能动脑又能动手，具有较高的知识层次、较强的创新能力，掌握熟练的心智技能的新兴的技术应用型人才。所以，一所高校的商务英语专业开设得成功与否，这个专业的定位妥当与否，一条重要的衡量标准就是要看社会是否欢迎其毕业生，就业率是否较高，毕业生是否能"零距离上岗"。所以，高校商务英语专业教育必须以社会需要为目标，以就业为导向，坚持面向生产、建设、管理、服务人才的需求，根据岗位和岗位群需要，对专业模式进行正确的定位。

## （六）专门用途英语理论的商务英语教学法的原则性

目前，商务英语教学法多是传统英语教学法的机械套用或简单复制，其表现为：课堂教学以教师讲授为主，学生被动地接受知识；教学内容围绕语言知识点展开，课堂教学时间主要花费在教授单词、短语、句型以及对课文的翻译上。这种教学方法脱离了真实的商务环境，忽略了商务英语教学与学习者需求之间的联系，很难培养学生的创造能力、交际能力和团队协作能力，学生难以学以致用，因此商务英语教学方法的采用应该建立在专门用途英语教学理论的基础上，原则上应包括以下几个基本点：

首先，教学目的明确，商务英语的教学目的是培养学生扎实的英语语言能力和良好的商务技能。

其次，内容专门化，商务英语教学材料应该和商务领域有直接或间接的联系，在题材、篇章、词汇等方面要反映出商务行业的特点。

最后，要充分考虑学习者的各种需求，即学习者的目标需要、学习需要和情感需要，以必要的启发和引导来开展教学，培养具有现代商务意识、善于合作、讲求效率、具有实际商务能力的学生。因此，主要采用讨论教学法、情景教学法、案例教学法等。

## （七）专门用途英语存在的缺陷

从理论角度出发，商务英语是一种特色鲜明的英语教学方式。专门用途英语提出的需求分析方法给商务英语教学提供了思考框架和操作思路，是专门用途英语理论给英语教学所做的重要贡献。学习者需求的描述往往涉及语言技能、行为技能、知识、思维过程等方面。把商务英语当作专门用途英语的一种，实际上解决的是教学方式问题，并没有揭示英语在商务领域和活动中的使用情况。（张佐成，2008）

专门用途英语理论不能对商务目标情景下英语是如何使用的做出系统描述。它没有对语言使用本身进行系统研究。它关注的重点放在分析需求的手段上，而不是对语言的系统描述上，也没有对专业知识做出系统的描述。

## 第三节　商务英语语言与普通英语语言

商务英语作为一门专门用途英语，基于英语的基本语法、句法结构和词汇，又具有独特的语言现象和表现内容，又是英语语言体系中的一个分支，完全具有普通英语的语言学特征，同时又是商务知识和普通英语的综合体，因而具有其内在的独特性，是为国际商务活动这一特定的专业学科服务的专门用途英语。

商务英语属功能性语言的范畴，是英语的一种社会功能变体，是英语在商务场合中的应用，它所要表达的信息是商务理论和商务实践等方面的内容，因此与专业内容密不可分。它涉及技术引进、对外贸易、招商引资、对外劳务承包与合同、国际合同、国际金融、涉外保险、国际旅游、海外投资、国际运输等。

### 一、EGP（一般用途英语）与 ESP（专门用途英语）

毕晶在《从 ESP 理论研究看我校商务英语学科建设》（2007）一文中写道："从目前我国的英语教学来看，一般用途英语（English for General Purposes，以下简称 EGP）和专门用途英语成为英语教学和研究的两大主流。"

EGP 指在学校教授的基本英语知识，它强调学生理解英语的基本语言结构，包括词汇和语法。在 EGP 教学法的训练下，学生能够欣赏文学作品和应付普通语言水平测试。但是当他们需要用英语处理特定领域的事务或是翻译与特定领域相关的文章时，常常由于缺少相关的专业知识而感到手足无措。在处理这些问题时，ESP 就能发挥很好的作用。

在论述 ESP 和 EGP 的性质时，Hutchinson 和 Waters 在《专门用途英语》（1987）一书中提出的学习模式对提高 ESP 教学具有重要的借鉴意义。在该书中，他们提出了两个重要的观点：

## （一）ESP 不是教一种"特殊种类"的英语

虽然 ESP 有其特殊的语言特性，但并不存在某种特殊的语言种类。换言之，不应该认为 ESP 是有别于 EGP 的特种语言，两者之间的共性大于其特殊性。

## （二）从教学基本原则上讲，二者没有本质的区别

前者在教学内容上与后者虽然有差异，即 ESP 的教学内容与专业和职业更为相关，但教与学的过程是相同的。因此，并不存在特定的 ESP 教学法。

需要特别注意的一点是：两者之间的不同之处在于语言学习者对语言学习的需求有所不同。所以，基于"ESP 是指专门用于某种目的的语言"这一论点，ESP 教学所关心的核心问题即是：学习者学习语言的原因。

商务英语是以适应职场生活的语言要求为目的的，内容涉及商务活动的方方面面。商务英语课程不只是简单地对学员的英文水平、能力的提高，它更多的是向学员传授一种西方的企业管理理念、工作心理，甚至是如何和外国人打交道，如何和他们合作、工作的方式方法，以及他们的生活习惯等，从某种程度上说是包含在文化概念里的。

# 二、商务英语的语言特点

作为一种专门用途语言，商务英语和普通英语相比，两者在基本词汇、句型、语法的使用上具有共性，但在专业词汇、语言特点等方面商务英语又具有自身独特的特点。因此，只有全面把握住商务英语的语言特点，才能更全面和深入地理解商务英语的语言表达意思。

## （一）商务英语的词汇特点

1. 词汇的词义面较窄

许多普通英语中的常见词汇在商务英语中则有其特殊的专业含义。有些词汇在商务环境中的意思与其基本意思有些联系，但也有很多词汇在商务环境中的词义和其基本含义没联系。

2. 大量缩略语的使用

商务专业术语以约定俗成的缩略语形式出现，已被业内人士熟知，如 Ads 代表广告、B/I 代表（bill of landing）提单、L/C 代表信用证、B2B（business to business）代表企业对企业的电子商务。

3. 大量新词汇的涌现

大量的新词在商务报刊和书籍中出现，正在被许多专业人士熟知并接受。Euro 指欧元、E-business 指电子商务、E-money/cash 电子货币/现金、Soft-landing 指（经济的）软着陆、Knowledge based economy 指知识经济等。

4. 商务英语词汇的精确性

商务英语的语言形式、词汇及内容等方面与专业知识密切相关，它承载着商务理论和商务实践等方面的信息，对专业词汇的精确使用是商务语言在词汇使用上的最大特点。它包括大量专业词汇，具有商务含义的普通词和复合词及缩略词语等。如"bottleneck" restriction（瓶颈制约）、quota-free products（非配额产品）、anti-dumping measures（反倾销措施）、drawbacks（出口退税）、bad debt（呆账）、judicial（准司法程序）。常用价格术语 CIF、FOB 有其特定的专业内容，又如 CWO（订货付款）、B/L（提货单）、L/C（信用证）、COD（货到付现）、WPA（水渍险）等。

## （二）商务英语的语言特点

1. 目的性和客观性较强

商务英语应用于完成交际任务或运用交际技能。无论在商务会议，还是打电话和讨论的情境中，交际的最重要特点是目的性。语言的应用是为了达到某种特定的目的，语言应用是否成功要看交易或事件是否得到好的结果。商务英语的使用者需要讲英语，且是为交易目的服务的说话人劝说他人按照自己提出的意见行事，目的是要得到自己想得到的东西。但在使用语言时，人们多使用客观性语言，避免使用主观性或带个人色彩的语言。

2. 表达方式平实、准确

人们在使用商务英语表达思想时，更倾向于使用明白晓畅、逻辑关系明确的方式进行交际,用具体的语言,准确地把信息传递给对方。商务英语要表达准确,不能言过其实,内容必须实事求是,尤其要保证数据的精确和术语的严格准确。传达信息时要把误解限制到最低点,而所花的时间要尽量少。因此,思路最好要清晰,逻辑性要强,并且要运用逻辑的词语,如 as a result、for this reason 等。表达一定要简洁,特别是发传真或打电话时,某些熟悉的概念可以用术语来表示,以避免累赘。

3. 专业性强

商务英语具有独特的行业特点,专业性极强并大量使用商务术语。例如,用以反映宏观经济动态的指标,主要有"国内生产总值"(gross domestic product,GDP)等。在进出口事务中,单证的术语包括商业发票(commercial invoice)、提单(bill of landing)、汇票(draft change),等等。因此,商务英语的语言形式、词汇以及内容方面与专业密切相关,所承载的是商务理论和商务实践方面的信息。换句话说,商务英语语言的形式、词汇、内容等均由其所属的专业来决定。它是商务实践、商务理论知识的载体,因此要充分理解商务英语的意义和内涵,必须有商务理论和商务实务等方面的知识。

4. 恰当礼貌地使用商务英语的基础是掌握一定的他国文化背景

口语交际是由说话者和听者共同参与的一种双边活动。这种语言交际活动是在特定的时间、地点等背景下,围绕一定的目的进行的。只有当说话者对谈话的背景有着共同的认识和理解时,口语交际的目的才能实现。商务英语的使用也是如此,国际贸易人员需要与从未谋面或不熟悉的人交往,由于他们的时间安排较紧,会面时间较短。因此,了解国际交往惯例与文化,以及与商务英语密切相连的所谓商务背景知识如英美文化、跨文化交流、国别介绍等,才能使来自不同文化、讲不同母语的人能够很快彼此融洽。社交的方式和内容都体现出建立良好关系的愿望。因此,商务英语用词的礼貌体贴,有助于老关系的加强和新关系的建立。无论何时,只要有必要,别忘了说"thank you""would you please?"之类的语句,表现出诚挚的友情和由衷的尊重,要尽量站在对方的立场去考虑他们的各种不同的愿望、要求、兴趣和困难,采取以第二人称"您"为出发点,而不是以第一人称为出发点的态度。

5. 措辞严谨，文体正式

商务英语属于实用文体，内容和读者都有很强的针对性，因此措辞一般比较严谨，不像文学作品那样追求语言的艺术美。文体方面多为正式语体，不需要使用大量的修辞和华丽的辞藻增强写作效果，能用词组表达的尽量不用从句，能用单词表达的就不用短语。写作中要注意态度明确，切忌使用意义模糊的词语，影响行文的力度和效果。商务英语强调主谓语的重要性，通常将需要表达的核心内容置于主谓语中。多使用主动语态，向对方直接传递信息，达到易于理解和明确责任的效果。

6. 专业词汇词义的"专一"和词义的"歧义"并存

商务英语不同于普通英语的另一个特点是许多专业词汇词义变化不大。如D/P（Document against Payment，付款交单），不管在什么上下文中，都是指出口方在委托银行收款时，指示银行只有在付款人（进口方）付清货款时，才能向其交出货运单据，即"交单"以"付款"为条件。但商务英语中也不乏准专业词汇，这些词在不同的场合、不同的语境中有不同的含义，如 kite（空头支票）、average（海损、海损费用）、franchise（免赔额）、kitty（共同资金）、inflation（通货膨胀）、instrument of pledge（抵押契据）、instrument of acquisition（购置凭证）。又如，把 Drawing Right soft IBF 和 Special Drawn Rights 都理解成"特别提款权"就属于生词注释不正确问题。在商务专业中，前者是指国际货币基金的提款权或一般提款权，基金设立时就有了；后者是1969年特定设立的，两者不是一回事。再如，real estate 主要包括房地产，但并不单指房地产，所以理解为"房地产"不妥，应为"不动产"。因此，在经贸英语解读时，一定要根据语境确定语义，使得概念严密准确，避免产生歧义。

总之，商务英语是涉及商务原则、交际技巧、商务礼仪、文化背景等因素的语言，有自身独特的语言特点。进一步了解商务英语的特点有助于我们进一步认识商务英语的本质和功能，进而推动商务英语的学习与实际应用。

### （三）商务英语的句法特点

商务英语文体是使用性文体，它的最大特点在于其简洁严密，其用于商业活动这一特点使得它比其他任何文体更加注重表达效果的准确性、时效性和逻辑性。

商务英语句法的特点主要体现在商务信函语句的使用上。

1. 商务英语语句表达明确、简洁明快

为表达明确，商务英语函电在实践中已形成了固定套语：商务函电首段首句，常见套语有：Thank you for your letter of，We are in receipt to your letter of 等。如 We thank for your letter of 18th February and confirm our cable of today's date, which reads as follows.（兹复贵方 2 月 18 日来信并确认我方今日发出的电报，电文如下。）英语翻译时使用等值英语翻译。

商务函电结尾句：英语表达有固定方式如 In accordance as your request, we send you here with as to your account which we hope you will find correct.（兹按贵方要求奉上结算报告书一份，请查收。）

请求对方做某事的汉语句式为"请……将不胜感激"，函电英语常用 We would appreciate；It would be appreciated 等。如 We are looking forward with interest to your reply. 函电结尾译成"盼复"等常用套语。

2. 大量使用被动语态和定语后置

商务英语以叙述某一过程为主，叙事推理，强调客观准确，如果第一、第二人称使用过多，会给人造成主观臆断的印象。因此往往使用第三人称叙述，采用被动语态。这样，句子的重点往往不在于"谁做"，而在于"做什么"和"怎么做"，动作的执行者处于"无关紧要"的地位。定语后置也是商务英语的特点之一。例如：

（1）I am afraid you leave us no choice but to take other step store cover the amount due to us.（恐怕你们已经使我们别无选择，只有采取其他方式来收回欠款。）

（2）The goods are delivered according to the terms and conditions stipulated.（货物是按照所定的条款交付的。）

3. 大量使用长句、复合句、并列复合句

首先，商务英语具有严格性、精确性和逻辑性，这就决定了使用长难句较多。其次，经贸合同由于其法律属性则多用长句、复合句、并列复合句等使其语句结构更严密，细节更突出，更能突出其法律效果。例如：

（1）At the same time, most probably, critical man-power short-ages would still existing the United States in many skilled occupational fields in addition to managerial in competence.（同时，在美国的许多技术工作中，除了经营管理上的无能外，严重的劳动力不足的问题很可能仍将继续存在。）

（2）The duration of patent right for utility model sore designs shall be 5 years, which shall be effective from the date of filling an application.（使用新型和外观设计专利权的期限为五年，自申请日起计算。）

## 三、商务英语词汇与普通英语词汇的关系

### （一）商务英语词汇与普通英语词汇的关系

关于商务英语词汇与普通英语词汇的关系，张佐成在《商务英语的理论与实践研究》一书中认为，商务英语词汇的大部分从普通英语词汇引申而来，这些普通英语词汇由于被用于商务环境中而具有新的含义，成为商务英语词汇。Pickett认为商务英语词汇和普通英语词汇之间存在六种不同程度的关联：

1. 商务词汇以普通词汇作为构词词根，有些普通词汇经常作为商务词汇使用，这些词汇是普通大众所能理解也普遍使用的，如 management、personnel、loan、trade 等。

2. 商务词汇由普通词汇经复合或联想扩展而来，其意义可以相应准确推断出来，如 takeover、set-up、trademark 等。

3. 商务词汇由普通词汇构成，意义是可以猜测出来的，但普通大众理解其含义有一定的困难，如 guarantee、production manager、proceeding 等。

4. 商务词汇由普通词汇构成，但是非业内人士很难猜出其词义，如 container、

letter of credit、terms of trade 等。

5. 商务词汇由普通词汇构成，但是没有专业知识就理解不了其含义，如 free on board、payable by draft、General Agreement on Tariffs &Trade 等。

6. 商务词汇由普通词汇复合而成，复合的方式基于某种联想。词汇和概念之间的联系不是显而易见的，在一定程度上是约定俗成的，如 contract、GATT、Chinese Wall 等。

### （二）普通大众词汇转换成商务词汇的规律和机制

从普通大众词汇转换成商务词汇的规律和机制上来看，普通大众词汇由"基本意义"变成"引申意义"。以"exchange"为例可以对"基本意义"和"引申意义"的模式进行解释。

以基本义为中心，双向链条式引申出专门义，构成一个意义范畴；专门引申义与基本义联系比较明显，但呈下降趋势；以"交易所"和"在票据交换所交换的票据"为中心构成两个次范畴（"交易所，汇兑、兑换，兑换手续费"和"在票据交易所所交换的票据、汇票"），它们之间的联系几乎全无；两组变向链条式引申出来的意义分别与"交易所"和"兑换、汇兑"关系密切，并以其为中心构成两个专门次范畴，与基本义"交换"有点联系，相互之间却毫不相关了，"兑换手续费"以"兑换、汇兑"为中心构成了一个意义次范畴，与横向引申出的专门义没有什么联系。

商务英语是英语的功能变体，是英语在国际商务领域和活动中的使用，就词汇而言，商务英语词汇有自己的特点，但与普通英语词汇也存在着联系，从词汇上着手研究商务英语，研究商务英语在词汇上所表现出来的独特之处，最终目的就是为了做到恰当、得体、准确地使用商务英语。

## 第四节 商务英语的多元化视角分析

商务英语教学和学科定位存在许多有争议的方面。商务英语学科着眼于培养的是懂商务的英语人才还是懂英语的商务人才，高等学校需要的是具有商科背景的英语教师还是具有深厚英语功底的商科教师，在教学中是用英语教商务还是以商务为内容教英语，等等。

目前，商务英语属于应用语言学的研究范围被普遍认可，即商务英语是以语言学与应用语言学理论为指导，涉及多门类、跨学科的交叉性学科，是英语的一种重要社会功能变体，也是专门用途英语的一个重要分支。其内容除语言文学外，还涉及经济、贸易、财会、管理、法律和文化等诸多人文性较强的学科领域。它的任务是培养学生从事国际商务交际活动的能力，这种能力和文科教育所能提供的其他方面的素质、能力复合在一起，共同造就在国际背景下能够从事商务活动的英语人才。

关于商务英语的人才培养类型，商务英语学科着眼于培养的是既懂商务的英语人才和又懂英语的商务人才，二者并不矛盾，因为不论前者还是后者，都是复合型人才的培养，只是侧重点不同而已，但是在企业里工作，进行跨文化交际，两种人才类型的培养都可以满足社会的需要。

关于商务英语专业教师应该具备的知识结构，高等学校需要的不但是具有商科背景的英语教师还需要具有深厚英语功底的商科教师，二者不矛盾，因为无论前者还是后者，都是商务英语专业教师所应该具备的知识结构。根据商务英语专业及课程的要求和特色，商务英语专业教师，不但要具备良好的语言功底，还要具备商科教学的理论和知识，具有商科背景的英语教师也好，具有深厚英语功底的商科教师也好，都是商务英语这个专业所需要的。

商务英语教学内容的传授，在教学中是用英语教商务还要以商务为内容教英语的问题，语言是媒介，是工具，通过语言来学习商务知识，突出专业性，在学习商务知识的过程中来提升语言使用的能力和水平。在教学中是用英语教商务还要以商务为内容教英语的问题，只是侧重点不同，培养出来的学生都是既懂商务又能用英语来表达的复合型人才，这都符合商务英语对人才培养的要求，也都能满足社会的需求，所以我们说关于商务英语教学内容的传授，实际上应该是语言和商务的完全融合，不应该侧重哪一个方面，语言和商务同等重要。

在本章的前几节中，主要从商务英语的专门用途英语、英语的社会功能变体和学科专业方面论述了不同视角下商务英语的特点。这几种视角下的商务英语不应该是独立存在的，不应该从单独的哪个视角来看待商务英语的特点，而应全面整体地来看待它。商务英语培养的是21世纪国际商务环境下的复合型人才，商务英语是这几种视角的综合体，也就是说商务英语具有多元化的特点。

## 一、多元化的内涵

多元化是指从一个发展过程的不同维度去观察、去思考，它具有非线性、主动性、灵活性的特征。

## 二、商务英语专业教学的多元化

在一个专业环境里保持多元化意味着更多商务英语具有知识体系内容的多元化、认识视角的多元化教学内容的多元化、教学方法的多元化、评价体系的多元化、教学模式的多元化。

### （一）商务英语知识体系内容的多元化

商务英语知识体系内容多元化。因为商务英语的课程体系构建无论是本科院校还是高职院校都应该是下列模式："英语语言教学 + 专业知识教学（商科知识教学）+ 商务技能操作教学（商务实践教学）+ 人文素质教育教学。"首先，体现在它不但具备普通教育学的特点；其次，它还具备语言学的特点；最后，商务英语还具备商科理论和知识的特点以及人文理论和知识的特点。具体分解如下：

1. 商务英语的普通教育学特点

商务英语是有关商务语言教育一般问题的知识体系，即"语言知识 + 商务知识 + 技能操作 + 人文知识"的这样一个体系，是国际贸易专业学生、国际商务专业学生和商务英语专业学生专业知识学习的基础，是这几个专业学生的必修课程之一，它的目的在于帮助学生养成基本的商务理念、商务操作技能和商务环境下的语言使用技能，具有将学术性与实践性有机结合起来，体现基础性、实用性、通俗性与创新性的特点。根据商务英语教育过程的运行逻辑，商务英语教育主要探讨了商务英语教育的实质、功能、历史、目的、教师与学生、教学、课程、班级管理、制度、评价等基本问题。因此，它具备普通教育学的特点。

2. 商务英语的语言学特点

商务英语教学是通过语言进行的教学。语言是基础，商务英语教学是语言的具体应用教学，是应用语言学的表现，因此，它具有语言学的特征。通过语言来学习专业知识，在学习专业知识的同时来巩固提升语言。

3. 商科理论知识的特点

商务英语专业课程主要包括西方经济学、商务道德、商务环境、商务策略、商务沟通、商务礼仪、人力资源、企业管理、市场营销、国际贸易、国际商法、国际金融、物流，等等，这些课程本身就是用语言来表述商科知识，同时还都要应用商科的理论原理，如协同论和耗散论等。很明显，商务英语具有商科理论知识的特点。

4. 人文理论知识的特点

就商务英语专业而言，除了语言、商务的知识和能力要求之外，人文素质教育应该注重培养学生的人文意识，遵循人文方法，扩大人文知识，增强人文才能，提高人文素养，促使他们在跨文化交际的活动中，秉承人文精神，彰显出文明、科学、爱国、求真的健康品格和蓬勃向上的精神风貌。

综上所述，我们知道商务英语知识体系内容具有多元化的特点。

## （二）商务英语认识视角的多元化

根据语言的用途视角来看，商务英语属于专门用途英语的一种；根据英语的变体视角来看，商务英语是一种社会功能变体；从学科角度来看，商务英语是英语语言学科和商务学科交叉形成的交叉学科。从以上几个角度来看，商务英语在认识视角上具有多元化的特点。

### （三）商务英语教学内容的多元化

商务英语教学内容的多元化，体现在无论是本科还是高职，最终目的都是提升学生的就业竞争能力，为了提升学生的这种能力，商务英语专业核心能力培养可包括五个部分，即语言应用能力、商务写作能力、跨文化沟通能力、电子商务操作能力、外贸业务拓展能力。因此，在课程设置上都是大同小异。商务英语教学内容的构成包括语言教学、商科知识教学（理论教学）、商务实践教学（商务技能操作教学）和人文知识教学。下面就以高职商务英语的课程体系构建为例，具体分解为：

1. 语言教学：主要包括英语语音教学、语法教学、词汇教学、听力教学、口语教学、阅读教学、写作教学、翻译教学、跨文化交际、综合英语教学和英美概况等。如果是本科商务英语教学，还应该包括英语语言学教学和英美文学教学等。

2. 专业理论教学：主要是商务专业知识教学。专业学习领域具体包括工商导论、市场营销、商务沟通、国际贸易、国际金融、人力资源、企业管理、商务礼仪、商务谈判等。在拓展学习领域中包括经济学、国际商法、国际结算等。

3. 实践教学（技能操作教学）：外贸业务操作、口语表达、商务写作等实习内容。

### （四）商务英语教学方法的多元化

商务英语教学方法不再是从前单一的大学英语教学方法的应用，而是多样性教学方法的使用。由于商务英语专业学科的特点，常用的教学方法有情境教学法、案例分析教学法、模块教学法、任务教学法、互动教学法和合作教学法等的综合运用，体现了商务英语教学方法的多元化。

### （五）商务英语评价体系的多元化

由于商务英语专业课程内容的多元化，尤其是实践教学的进行，要求商务英语学生学习评价体系的多元化。考核形式除了笔试部分外，还要有实践技能考核。多元化学生学习评价体系是指高等教育根据培养目标、课程性质、教学目标和要求以及学生个性发展的需要，反映为对学生学习评价体系上的多元化。多元化学习评价体系是对学生知识、能力、素质综合评价的多元系统，反映了评价的内容、过程、方式、方法、手段及其管理等环节的多样性。建立多元化的学生学习评价体系是商务英语专业的必然要求，是因材施教发展和学生个性的需要，也是高等教育多类型、多规格、多层次发展的需要，因此，多元化学生学习评价体系对培养具有创新精神和创新能力的人才，对构建科学的课程考核和学生学习评价体系，提高教学质量具有重要的意义。

## （六）商务英语教学模式（人才培养模式）的多元化

1. 教学模式的定义

教学模式可定义为是在一定教学思想或教学理论指导下建立起来的较为稳定的教学活动结构框架和活动的程序。作为结构框架，突出了教学模式从宏观上把握教学活动整体以及各个要素之间内部的关系和功能。作为活动程序则突出了教学模式的有序性和可操作性。"模式"一词是英文 model 的汉译名词，model 还译为"模型""范式""典型"等。一般指被研究对象在理论上的逻辑框架，是经验与理论之间的一种可操作性的知识系统，是再现现实的一种理论性的简化结构。最先将"模式"一词引入到教学领域，并加以系统研究的人，当推美国的乔伊斯（B.Joyce）和韦尔（M.Weil）。

乔伊斯和韦尔在《教学模式》一书中认为："教学模式是构成课程和作业、选择教材、提示教师活动的一种范式或计划。"实际教学模式并不是一种计划，因为计划往往显得太具体，太具操作性，从而失去了理论色彩。将"模式"一词引入教学理论中，是想以此来说明在一定的教学思想或教学理论指导下建立起来的各种类型的教学活动的基本结构或框架，表现教学过程的程序性的策略体系。

2. 教学模式的作用

商务英语的教学模式处于理论与应用的中介。在理论与实践之间，模式起到承上启下的作用，意义重大，表示如下：商务英语教学理论、商务英语教学模式、商务英语教学实践。

3. 商务英语教学模式的多元化

商务英语的课程体系构建无论是本科院校还是高职院校都应该是下列模式：

"英语语言教学+专业知识教学（商科知识教学）+商务技能操作教学（商务实践教学）+人文素质教育教学"，这是四位一体的多元化人才培养模式，它强调知识、能力、素质的综合结构，以能力为中心对课程进行多元整合，以多元化的课堂与实践模式，结合丰富的文化活动，使学生的职业综合能力即基本能力、专业能力和可持续发展能力得到有效培养，满足社会对商务英语专业人才的用人需要。因为我国企业面临的是全新复杂的经营环境和经营规则以及强有力的竞争对手，现代企业经营必须突破单一化而趋向多层次、多渠道、多样化，以适应社会生产和市场经济的客观要求。在这四位一体的人才培养模式中，每一部分又都有它自己独特的模式。而商务英语教学又是这几种模式的分阶段的运用和综合，商务英语教学模式具有多元化的特点。因为，教育制度需要以多元化的建制来适应社会人才多元化的需要，而商务英语教育的人才培养模式的多元化是就业市场对商务英语教育的客观要求，因此它更应以培养能适应多重职能、多类型的社会领域的知识、能力、素质协调发展的一专多能型人才为宗旨，为社会发展服务。毕业生就业跟踪调查结果显示：商务英语专业毕业生的就业面相对于其他专业较宽。企业负责人在接受调查时也明确表示：企业需要能力、知识全面发展，能适应多个工作岗位的复合型人才。这要求商务英语的人才培养模式必须多元化。

（1）英语语言教学过程模式

关于语言教学过程模式，加拿大籍教学法家 H.斯特恩（H.Stern）在 *Fundamental Concepts of Language Teaching*（1983）一书中提出了外语教学过程模式（a teaching-learning model），王才仁在《英语教学交际论》一书中对此模式做了详细的评述，这里不再赘述。斯特恩（1983）指出："Language teaching comprises all and any procedures which are intended to bring about language tearing."

他所说的 "The model we propose identifies principal actors in the scheme, the language teacher and the language learner"，对确立师生在外语教学中的主体地位起着重要作用；他认为 "The teachers conditions for learning such as grouping or timing; he employs materials and other equipment, and the procedures he selects lead to specific classroom activities"，是对英语教学过程的特殊性的深刻揭示；他把

教学过程定位为 learning process，并与 learning outcome 直接联系，也发人深省，正如他强调指出的那样，"Teaching interpreted interns of curriculum is represented as planned action with certain ends in view and means to reach them"。所以他在结论中说："Our main object in this part of the book has been to suggest some categories enabling us to think systematically about the concept of language teaching itself."

这种模式也同样适用于商务英语教学。在执行这种教学模式的过程中，教师可以根据内容的需要，选择不同的教学方法。

（2）专业知识教学（商科知识教学）模式

目前比较新颖的模式就是模拟一个公司，利用准工作环境来模拟仿真现实场景，让学生在虚拟的仿真环境中，结合自己所学习到的商科知识，解决遇到的问题，开发其商业思维和语言应用能力思维。

（3）商务技能操作教学（商务实践教学）模式

商务英语的实践途径是建立校内外实训基地。在校内外实训基地中对学生的要求和所应达到的目的以及实现的目标也不同，因此，商务技能操作教学（商务实践教学）通过实训，使职场基本素养养成与专业学习相融合，语言和专业能力与岗位群适应能力相融合。

"宽"是宽基础能力，即学生掌握了较宽的英语与商务专业知识基础和人文知识基础，具有扎实的英语听、说、读、写、译的基本功，以适应终身教育与学习化社会发展的需要；"厚"是厚专业能力，即通过实践教学的培养，拓宽了专业口径，突出了该专业复合型人才的特色；"活"在于通过实践教学，增强了学生适应未来岗位的柔性化特征，保证了合理的知识能力和素质结构的形成，从而适应了专业职业岗位要求和个人可持续发展的要求。

（4）人文素质教育教学模式

人文素质教育的第一层面是人文学科的教育，包括文学教育、历史教育、哲学教育、艺术教育、道德教育、思想教育、政治教育等内容。

第二层面是文化教育，特别是民族文化的教育，包括文化基本传统、基本理念、基本精神等的教育和民族精神、民族传统的教育等内容。文化教育的目的是接受本民族共同认可的基本世界观、价值观和行为模式，促进个人同社会之间的相互认同。文化教育主要是思想观念教育和思维方式、生产方式、生活方式的教育。

第三层面是人类意识教育，包括人类文明基本成果、人类共同的道德观和价值观、共同的行为规范教育等内容。人类意识教育的目的是让每一个人学会同他人和谐相处、同其他民族和谐相处、同自然环境和谐相处，使人们满足自己的需要、平等权利、平等发展，增强相互合作，促进可持续发展。

第四层面是精神修养教育，包括精神境界、精神修养、理想人格、信仰信念教育等内容。

根据这四个层面，我们可以把人文素质教育教学归纳为：人文环境教育、人文意识教育、人文方法教育、人文知识教育、人文才能教育、人文素养教育和人文精神教育。它们之间的关系为：人文环境教育是条件，人文意识教育是先导，人文方法教育是手段，人文知识教育是基础，人文才能教育是关键，人文素养教育是目的，人文精神教育是核心。它们之间相互作用和对立统一的关系，共同构成了人文素质教育的体系。

以上几种模式共同构成了商务英语的教学模式，即"语言教学模式＋专业知识教学模式＋商务技能操作教学模式＋人文素质教育教学模式"。因此，商务英语教学具有多元化特点。

## 第五节　商务英语教学目的系统认识

商务英语教学大纲规定，商务英语教学的目的在于使学生通过商务英语的学习和实践以获得从事各种商务活动的知识和能力，寻求语言能力的培养和商务英语知识学习的最佳结合点，将语言知识、交际技能、文化背景知识和商务知识融于一体，为其他专业课程的开设奠定基础。本门课程和国际贸易实务、综合英语、外贸单证、外贸函电、商务英语口语、商务现场口译、电子商务、市场营销等课程紧密相连。商务英语教学打破了以传统学科知识传授为主要特征的课程模式，转变为以工作项目为中心组织课程内容，并让学生在完成具体任务的过程中构建相关理论知识，发展职业能力。因此，商务英语的专业总培养目标为：为外经贸和涉外企事业单位培养具有开阔的国际视野、扎实的语言基本功、系统的国际商务知识、较强的跨文化交际能力和较高人文素质的应用型商务英语专门人才。在知识结构方面，要求学生掌握英语语言学、文学、文化等人文知识，熟悉经济学、管理学、金融学和国际贸易等方面基础商务理论。在能力方面，注重培养学生的语言应用能力、商务实践能力和跨文化沟通能力。同时通过人文素质教育，提高学生的社会责任感、团队协作精神和道德情操。

## 一、商务语言基础知识教学

语言基础知识指语音、语法、词汇，包括规则和材料。它们是语言的三个要素，这方面的教学要注意形成一定的知识系统和熟练技巧。（1997，胡春洞）

## 二、英语语言知识与英语运用能力之间的关系

### （一）语言知识是培养语言运用能力的基础

语言知识是构筑语言能力的基石。语言知识是语言能力的有机组成部分，学习者对英语语言知识的掌握程度决定了他的英语语言能力的强弱。我们常说的语言知识应该包括语言结构知识和语言运用知识。语言结构知识是指语音、语法、词汇等构成知识以及承接关系、文体结构等语篇结构知识。语用知识是指根据交际意图和环境因素来正确运用语言所具备的知识，它包含语言功能知识和社会语言学知识。如果学习者没有掌握英语语言结构知识，他就无法正确地造句、谋篇，他的英语语言能力就只能是空中楼阁。但仅仅拥有语言结构知识，而不具备一定的语用知识，学习者往往在交际中会出现词不达意，导致误解，有时甚至会引起争执。掌握语用知识可以帮助学习者得体地表达自己的观点，实现交际目的。

英语语言知识是发展英语语言能力的基础,提高英语语言运用能力离不开语言知识。

### (二)英语语言知识的学习应该有所选择

英语的语言结构知识和语用知识极其丰富,学生不可能也没有必要全面系统地学习。因此,学生应该学习和掌握的英语语言基础知识包括语音、词汇、语法、功能和话题等五方面的内容。即使提出了这五个方面的要求,这些要求也只是其中的最基础部分,是学生形成综合语言运用能力所必需的部分。

### (三)英语与英语国家的文化浅释

文化是"一个民族的整体生活方式",是"一个民族区别于另一个民族的综合特征",是"人类历史发展过程中所创造的物质财富和精神财富的总和"。语言是"思维范畴诸经验的表现",是"从劳动中并和劳动一起产生出来的"。由文化和语言的定义不难看出语言和文化的关系:正是由于语言随着人类的发展而发展,与人类的社会实践活动息息相关,语言的产生和发展成了文化产生和发展的关键。美国语言学家 Edward Sapir(1884—1939)在《语言论》中指出:"语言不能脱离文化而存在,就是说不能脱离社会流传下来的,决定我们生活风貌和信仰的总体。"语言和文化是互相渗透紧密相连的。如果想要学好一种语言,就必定要对使用这种语言国家的文化有一定程度的了解。

### (四)商务活动中的中西方文化差异

1. 价值观念的差异

欧洲国家经过14—17世纪的文艺复兴以及18世纪下半叶的启蒙运动使自由、平等、民主的观念根深蒂固。美国宪法规定:人生来平等,追求个人幸福是天赋权利。个人构成民主社会的基础,社会为个人而存在。在中国,社会是第一位的,个人的价值体现在对社会的贡献上,"先天下之忧而忧,后天下之乐而乐"正反映出这一价值观念。英美以人为本,中国以社会为本,正因为这一观念上的根本差异,英美人强调个人的独立性,中国人表现出一种趋同性。

2. 习惯礼仪的差异

"Thank you"（谢谢你）是一句常用的文明用语，但在中西方不同民族之间存在差异。中国人一般比较含蓄委婉，比如在家庭生活中，很少听到夫妻间直接说"我爱你"或者是"Thank you"（谢谢你），而是用一顿丰盛的饭菜来表示，对那些最亲近的人，不必说"谢谢""别客气"等客套话；而英美家庭却相反，"谢谢""好棒呀""你真细心"等友善词句被经常使用。在中国对人们来说，认为应该诚心诚意感谢别人为自己付出劳动和努力时才说"Thank you"，而西方则超出这一范畴。例如：别人借东西使用，当他还回来的时候说句"Thank you"；在西方别人借东西说"Thank you"，因为借东西的人很讲信誉，同时东西又完好无损，主人对此也表示感谢。又如：教师讲课，批改作业，学生听课、交作业应说"老师辛苦了""Thank you"；而在西方教师对学生说"Thank you"，他们认为学生给老师捧场，耐心听讲是支持老师工作。再如：商店售货员给顾客找错了钱、顾客回来找，顾客应该说"Thank you"，尽管不是顾客的错误，他（她）认为给售货员带来了麻烦，而中国则不尽然了。"please"看起来意义单纯，但在不同的场合，有着不同的含义和功能。在中国"请"一是求，二是延聘、邀、约人来等；而在西方"please"通常用来表示客气的提问或请求，但有时也表示客气的命令。此外，西方人对年龄、工资、婚姻等个人隐私问题比较敏感，询问他们这些问题被认为是不礼貌的；而在中国，这些却经常成为百姓日常聊天的主题。

3. 审美情趣的差异

中西方不同的历史传统形成了各具特色的审美习惯，最典型的例子是色彩的象征意义。在英国，紫色象征尊贵，白色象征纯洁，新娘的婚纱是白色，而红色则与风尘女子有关；在中国，黄色是帝王之色，老百姓喜欢大红大绿，新娘子要穿大红的衣服，以示日子红火吉利。如果我们能够了解中国与英语国家之间存在的种种差异，就能在文化交流和日常交往中避免误解，增进相互了解。

4. 英语中姓名、数字、颜色同汉语的差异

在英语教学中，教师不但要教授学生语言知识，还要让学生了解文化背景。

由于文化背景不同，英美人的衣、食、住、行与我们有很大的差异。熟悉英美文化背景知识，使我们可以从各个侧面了解英美人的生活习惯和风俗习惯，以充实语言文化背景知识，提高英语教学的成效。

学英语要过五关，即听、说、读、写、译。听和读是语言接受技能，说和写是语言生成技能，译则是语言的应用技能。只有达到足够的语言输入量，才能有效地组织学生围绕理解和吸收的信息，开展听说活动。英语教材内容丰富、体裁各异，涉及英美国家生活方式、风俗习惯、文化教育等，为培养学生用英语表达提供了充分的素材。要正确理解和使用英语，必须注意培养学生运用英语思维的习惯，掌握相应的文化认识系统。因此，教师在教学中要引导学生留心积累有关文化背景、社会习俗、生活方式等方面的知识，从而培养学生学会从英语本族人的角度思考、体会，依据不同场景做出正确的反应，提高自身的语用能力，将言语教学和非言语教学结合起来，实现交际目的。由于中西方文化的差异，我们可以很明显地分辨出英语中的姓名、数字、颜色等各方面的含义用法与汉语的区别。

（1）姓名的差异

中国人名主要表达精神、意念、道德、情怀、意向、追求等抽象事物；而西方人名的内容更为广泛，侧重于客观、实在、具体的外在事物，多以身份职业相貌气质、以物喻人，从道德情操、性格情怀、生长环境来取名。这是由双方的文化心理和审美观点不同所决定的。他们之间最大取名差异是：英美人先说名，后说姓，姓氏是世代相传的。我国则先说姓后说名。英美人的姓名多由两个部分组成，第一部分在英国叫作 Christian name（教名或洗礼名），在美国叫 fist name（第一名或授予名）。英美人的姓名也有由三部分组成的，在姓名中间有一部分叫 middle name，教名或第一名是受法律承认的正式姓名，中间名是非常爱孩子的父母或亲属把自己的名字直接取给孩子的。女子结婚后要随夫姓。例如：Alace Brown 和男子 Tohnson 结婚，那么这个女子的姓名叫 Mrs Alace Tohnson。在中国儿子从不沿用长辈的名字，按照氏族家谱中的"字"来排辈分。

（2）数字的差异

英美国家在数字上有许多禁忌。西方把"13"视为不吉利的象征，因此诸事中不许出现"13"。西方国家有送花的礼仪，忌送偶数，必须单数（决不能送

13朵花）。在中国"三"和"七"，具有浓厚的神秘色彩。这两个数字在中国哲学、政治、军事以及世俗生活中有多种含义。民俗文化中对"三与七"既崇拜又禁忌。"三"在《史记·律书》中云："数始于一，终于十，成于三。"《老子》名言："一生二，二生三，三生万物。"它们是构成道家哲学思想体系的重要范畴，并非一般数字。《春秋·繁露·官制象天》记载："王者制官，三公，九卿，二十七大夫，八十一元士，凡百二十人，而列臣备矣。"人们把三称为"魔术数字""公式数字""模式数字"。"七"，人们对它既崇拜又禁忌。"七"在甲骨文金文中做"十"用，即二维空间表示三维空间，它就成了宇宙数，表示无限大，所以都很崇拜"七"。近几年在商业界中用一些与汉语谐音的数字，如"888"（发发发）、"777"（起起起）等表示吉利，表现出了人们的文化心态。

（3）颜色的差异

英美国家的人们在结婚时喜欢穿白色，认为白色代表纯洁、洁白如玉；绿色与草地树木相联系，具有不成熟的含义；红色表示精力充沛，但如果说"I see red in one's eyes"，那就是发脾气，火暴如牛；黄色给人以乐观向上的含义；蓝色与英国皇家相联系，具有庄严肃穆之义。在中国的传统文化中，颜色的生成具有神秘主义的意味和丰富的文化内涵，又表现出严肃、等级分明，但在民俗民情中成为一种文化现象，表现为一种心理功能。红色是民俗文化中的基本崇尚色，象征着富贵、吉祥、喜庆。在结婚时多穿红色，象征着火红和热烈。白色是民俗文化的基本禁忌色，与死亡联系在一起，认为是不吉利。黄色为古代帝王所专用，它在民俗活动中极少表现。它具有温暖、成熟、华贵之义。黑色的象征意义较为复杂，一方面它由古代吉色转化为象征严肃、忠厚、正直，一方面用来表示令人不愉快和做不正大光明的事情。

从以上的差异中，可以看到语言是由各民族文化决定的。文化传统是某个民族独有的约定俗成的风俗习惯，不能用一种文化的风俗习惯去套用另一种文化，应尊重不同民族的文化。掌握或加以区别文化差异，才能提高民族语言的文明程度，培养每个人的语言修养。文化是物质文化和精神文化的结合，英国学者培根说：知识就是力量。读史使人明智，哲学使人思考，文学使人想象，数学使人周密，科学使人深刻，伦理使人庄重，逻辑与修辞使人善辩。培根的这一名言，对文化有所裨益。

课堂教学中学习中西方文化的差异将有利于扩大学生的知识面与文化视野，有利于提高学生的文化素质与思想素质，使学生的思维能力得到多方面的锻炼。同时可以丰富人们的精神世界，对了解中华民族传统文化与吸收外来文化是有益的。

## （五）语言运用与文化取向的关联

语言所传递的文化信息是商务英语教学内容中的重要组成部分，因此，在商务英语教学中，教师不但要训练和提高学生的语言水平，同时还应有意识地注意培养学生用英语进行跨文化商务交际的能力，探讨将培养学生跨文化商务交际能力融合到商务英语教学的必要性，同时提出跨文化商务交际能力的培养与商务英语教学的融合应遵循的原则。

在全球经济一体化的大环境中，中国与国际的商务活动往来更加频繁，文化差异将是中国企业走向世界、外资企业进入中国市场所面临的一大挑战。那么，商务英语教学思想又该做怎样的调整以便适应时代的需要？众所周知，中国学生的英语能力向来以形式的准确见长，他们当中相当一部分人做语法题十拿九稳，然而在跨文化交流方面却相形见绌了。当然这与当前我国外语教学仅局限于就语言而教语言的教学实践是分不开的，因此在商务英语教学中注意学生实际跨文化交际能力的培养，既有利于让学生在跨文化交流中学习语言、使用语言，又有利于让学生在交流中检验自己的语言，然后在交流中改正，在交流中学会正确地使用语言。

1.跨文化商务交际能力的认识

（1）交际能力的理解

20世纪70年代，美国社会语言学家Hymes提出了交际能力之说，这在语言教学领域获得了普遍的欢迎和有力的支持，引发了语言教育界的一场新的教学革命，使得广大语言教师清楚地认识到，他们肩上所承担的重任是培养积极主动的语言使用者，而不是被动接受语法知识的语法学家。具体而言，"交际能力"之说具有以下四个方面的描述参数：

第一，形式上是否可能，即Whether（and to what degree）something is formally possible?

第二，方式上是否可行，即 Whether（and to what degree）something is feasible in virtue of the means of implementation avaible?

第三，语境中是否得体，即 Whether（and to what degree）something is appropriate（adequate, happy, successful）inrelation to a context in which it is used and evaluated?

第四，行为上是否完成，蕴含何种意义，即 Whether（and to what degree）something is in fact done, actually performed, and what it's doing entails?

将这四个参数的内涵重新定义可概括为四个方面的知识和能力：语法方面的知识与能力、心理语言学方面的知识与能力、社会文化方面的知识与能力、实际的知识与能力。

（2）跨文化商务交际能力

Ruben（1976）认为跨文化交际能力是某一环境中的个体为了实现某性格、目标及期望所应具备的同样的独特活动方式的能力。语言交流是在具体的语境中进行的，语言的使用受不同功能意象的驱动而变化。美国社会语言学家 Rogers 提出了"三大交际原则"：学会从对方的角度看待事物，学会从对方的角度感受事物，学会从对方的角度了解世界。这三大交际原则的实质反映了在商务交流中就是语言使用者的跨文化商务交际能力。由以上论述可知，跨文化商务交际能力包括：信息获取的技能与策略；处理来自不同文化背景的人际关系的能力；具备跨文化交际者应具备的自我素质调节，对文化差异高度敏感，对商务规则运用自如；语言得体性的正确选择，对非语言行为有高度的意识性；对交际文化取向、价值观念、世界观、生活方式等相关知识有所了解。因此，在商务英语教学中，培养学生的交际能力就是培养商务英语专业学生的跨文化商务交际能力。其重要性日益彰显，在跨文化商务交际中，交际能力的强弱决定了是否带来财富、和平、发展的机会。

2. 跨文化商务交际能力的培养与商务英语教学的融合

在非英语语境中，选用英语原版教材，使语言、文化、商务规则相互融洽。学生在学习商务英语这门课程时不仅要掌握孤立的语法规律、词汇或句型的使用，而且要求获取更具有效性的跨文化商务交际的工具。因此，将学生跨文化商务交际能力的培养融入每一节商务英语教学中是十分有必要的，当然遵循行之有效的教学原则是成功融合的必经之路。

（1）实战性原则

众所周知，商务英语是一门集语言与专业知识于一体的学科，非常重视实际的应用。现阶段我国各英语专业虽然都开设有口语课，并且通常是外教任教，但题材也常常局限于一些生活用语，与商务联系不大，对学生实际运作能力的培养更是几乎没有。不能将英语学置于真实的商务场景中，在一定程度上直接导致了商务英语专业毕业的学生很难达到预期的教学目标。实战性原则要求导入的文化内容与学生所学的语言内容密切相关，那些课堂上教授的商务文化知识，在学生同以英语为母语的使用者进行商务交往时，应起到其交际辅助桥梁作用，而不是孤立的、枯燥的说教。

（2）特色性原则

当前我国商务英语教学，许多老师和学生还停留在应试教育阶段。学生为挣学分而学习，为考试而看书的现象还很普遍。这种模式是无法培养出适应国际竞争的人才的。在全球经济一体化时代，仅仅掌握书本知识是远远不够的，我们更需要的是应用，是创造。

3. 正确理解"文化"含义要求具备的三个条件

其一，正确理解话语的文化隐含信息，不论它是规约性的，还是非规约性的；

其二，说话时的语境促进文化关联的产生；

其三，说话双方共有的社会文化知识背景。

因此，在商务英语教学中我们所教的文化项目应紧紧围绕这三个条件开展。

（1）如何建立在商务语境中的文化关联

要教授不同文化中人们的世界观、人生观、风俗习惯、社会生活等。例如：在商务词汇教学中，教师不仅要教授词汇的意义，还要在教学中注意对英语词汇的文化意义做出一定的介绍，就如 Wilkings（1978）所说：词汇的学习涉及词与外部世界的关系，以及词与词之间的关系。当人们看到一个词的时候，就会想到它的意思，并将意思与客观事实或想象中的事物联系起来，在头脑中形成一种意象。而人们对词汇的理解和意象的形成离不开他的感性认识和已有知识的范围，因此对于同一个词,不同文化背景的人头脑中反映出的意象或联想,可能有相似,可能完全不同,那么文化差异的因素在此便起了作用。比如red一词,无论在英语国家还是在中国,红色往往与庆祝活动或喜庆日子有关,英语里有"red-letter days"(节假日)。在中国,红色还象征革命等积极意义,但英语中的"red"还意味着危险状态或使人生气,如"red flag"(引人生气的事)。在商业英语中的"in the red",不是盈利,相反,是表示亏损、负债。

(2)持久性原则要求将目的语文化持久、系统、高强度和循序渐进地导入

通过案例法教学、任务法教学,让学生系统地、全面地分析母语和目的语的语言结构和商务文化的异同,从而获得一种跨文化商务交际的文化敏感性;再通过介绍目的语文化的历史、文学、典故、习语等引发学生的兴趣,让学生在潜移默化的过程中接受、理解目的语商务文化。当然这个文化导入的过程是完全根据学生的语言水平、接受和领悟能力来确定文化教学的内容的,由浅到深,由简单到复杂,由现象到本质,并保持文化内容本身的内部层次性和一致性,不至于使教学内容过于凌乱。

对外贸易中获取国际市场竞争力成功与否的首要问题在于商务谈判技术,商务谈判的核心技术是文化。文化的差异有时加大了对外贸易的风险,又有时使许多贸易机会白白丧失。研究商务谈判中的文化差异,既有助于培养自身的心理素质,又有助于揣摩对手心理,实施心理策略,促成交易。因而对中西方文化的差异进行深刻的分析,对企业对外贸易双赢具有重要的现实意义。

通过对文化背景介绍和跨文化沟通技巧的培养,提高在国际化企业中英语交流的效率和个人形象,倡导自主、探究的学习方式。对于知识的学习,传统的教学习惯于教师讲解和传授,学生总是处于被动的接受性学习状态,这样学得的知识常常存在理解不深、记忆不牢、运用不畅等问题。虽然我们不能让学生去探究所有的知识,但我们还是倡导尽可能地让学生自主地探究,通过感知、对比、联想、归纳等多种方法获得英语语言知识。这样获得的知识,学生理解较深、不易忘记,能举一反三地运用。

语言知识是发展语言技能的重要基础。不管是听、说、读、写这四项技能还是综合语言运用能力的发展,都离不开语言知识的支撑。若缺失语言知识,学习

者在听、说、读、写等交际活动中将寸步难行,更谈不上发展语言技能和综合运用能力。

4.形成商务语用能力是商务英语知识学习的终极目的

学习语言知识是以语用为目的的。学习英语知识不应该是为了知识而知识,而是以语用为目的的。学习英语知识是为培养学生的语言运用能力服务的,提高学生的综合英语运用能力,使他们将来能够在工作、生活中利用英语获取信息、进行交流、陶冶性情,掌握英语这一交际工具是他们学习英语的最终目标,也是学习英语知识的终极目的。

因此,商务英语的教与学应该在这四个方面全面发展和提高学生的素养,而不能局限于我们传统的教学重点、语言知识和语言技能。语言知识和语言技能是综合语言运用能力的基础,且一直被广大师生重视。重视语言知识和语言技能无疑是正确的,但不够全面。基础教育的任务是为学生全面发展和终身发展奠定基础,因此,仅有语言知识和语言技能不能满足学生全面发展和终身发展所需的外语素质需求,我们还需要在情感态度、学习策略和文化意识等方面对学生进行教育和培养。

情感态度是影响学生学习和发展的重要因素,只有当学生具有正确的英语学习动机、较强的自信心、坚强的意志、合作的精神、祖国意识、国际视野等,他们才会积极、主动、全身心地投入到学习活动中去,坚持不懈地努力提升自己的能力,学习才会取得良好的效果,才会对他们的终身发展产生积极影响。

学习策略是提高学习效率、发展自主学习能力的先决条件。帮助学生学会制订适合自己的学习策略,不但能帮助他们提高学习效率,而且能帮助他们树立自主学习的意识,养成自主学习的习惯,从而发展他们的自主学习能力。同时,在制订、调整自己的学习策略和规划学习的过程中,他们逐步学会规划自己的生活与人生。

文化意识是得体运用语言的保障。掌握一定的语言知识和语言技能可以帮助学习者正确地使用英语进行交际,但具有跨文化交际意识和能力可以使学习者得体地交际,而不会出现语言形式正确,但使用的场合、交际的对象与自己的身份、处境不符的尴尬局面。如果不具备良好的跨文化交际意识，我们就有可能无法实现交际目的，甚至会引起误解。因此，了解祖国文化，学习英语国家文化，了解它们之间的差异，形成跨文化交际意识，可以使学习者的交际目标得以顺利实现。

# 第六节　商务英语教学中的语言观、商务观、方法观、人文观

## 一、商务英语教学中的语言观

语言是非常复杂的现象，语言的复杂性决定了商务英语教学的复杂性。语言是多层次的，作为商务英语教学，首先是语言教学，其次是利用语言进行的商科专业知识学习的教学。英语语言运用能力涵盖多方面能力。综合语言运用能力的形成建立在语言技能、语言知识、情感态度、学习策略和文化意识等素养综合发展的基础上。

### （一）商务英语语体分析

在商务背景下使用的英语具有鲜明的语体特征。所谓语体是指语言的社会功能变体，即语言的功能风格类型。语体是适应不同的社会活动领域的交际需要而形成的各种语言表达体式。根据有关专家的定义，"语体是同一种语言品种的使用者在不同场合所典型地使用的该语言品种的变体""语体的实质是一些在使用场合上有区别的同义变体的选择"。换句话说，语体关注的不是在某种场合人们典型地"说什么"或"写什么"，而是关注人们"怎样说"或"怎样写"，即人们在某种场合典型地选择哪些语言成分。商务英语是指人们在商务背景下所使用的英语，它并非一种特殊的语言。它只是人们在商务活动这一特殊领域中，在商务活动的性质、内容、形式以及规范等因素的影响与约束下，在语言结构的使用与词汇选择方面具有了较强的倾向性和限制性。这些语言结构倾向性与词汇局限性形成了数量相当的商务英语固定表达模式，从而使商务英语具有了鲜明的语体色彩。

## （二）商务英语语体分析的方法依据

商务英语究竟有哪些语体特征，此特征对其运用与发展是否有影响，这些问题值得研究。判断一种语言的语体特征，靠的是语体成分的辨识。在语言使用中，不同的语言成分（有的意义相同或相近，有的并不相同），经过领域、格调、方式这三个方面语境的过滤，传递着相同的信息，这些语言成分被称为同义成分，它们之间的区别仅在于它们各自的语体色彩。这些具有"同义性"的同义词语是构成"语体成分"的基础。因此，要了解一种语言的语体特征，就是要尽可能地揭示各种各样的语体成分。英语语言中，句子的长短，从句使用数量，省略句的使用数量，短语的使用数量，正式与非正式词语的使用数量都能成为语体成分。我们只有在商务英语中找出尽可能多的语体成分，将其进行比较与分析，才能充分说明其语体差别的语言实质。此外，值得注意的是，英语语言使用中，不仅不同"意义"的词语能传递相同的"信息"，相同"意义"的词语也能传递不同的"信息"。因此，揭示语体成分既是"揭示跨语言层次的同义词和结构"，也是"揭示语言使用中经过推理所得出的同义词语和结构"。鉴于语体成分是以语言层次分析所得出的结构特征（表现于语音、语法、词汇的一些特征）为依据的，那么商务英语的语体分析也应从语言层次着手。

总体来说，商务英语与普通英语或共同英语相比，在语音方面没有什么特殊性，但是在语法结构表达式上有较强的倾向性，在词汇运用方面有较明显的局限性，呈现了较强的语体特征。这些特征可以被概括为三点，即正式性、专业性和程式性。在商务英语的语法结构和使用词汇范围两个方面有许多相关语体成分展现，通过对这些语体成分的收集与分析，可以清楚地描述商务英语的正式性、专业性与程式性语体特征。

## （三）语法结构层面的分析

首先，从语法结构来看，商务英语具有很强的正式性语体特征，这和科技语体与公文语体有着许多相似之处。具体特征如下：

1. 句式完整，结构复杂

商务英语文本中的句式比较完整，变化也较少，多用完整句及长句，较少使用省略句或短句。这些都是正式文体的特征。由于商务英语主要用于传递商务信息、陈述商务事实，既然是涉及商业金融要务，语言自然应该端庄得体，叙述也应全面严谨，富有逻辑性。所以在商务英语中，主从复合句、同位语、插入语的使用率也比较高。一些可以表示逻辑关系有助于叙述、归纳和概括的词如accordingly、however、consequently 等经常会被用到。此外，商务英语文本不大需要激发读者的感情，因此基本上不使用感叹句、反问句等，也很少使用夸张、拟人、借代、比喻等修辞手法。

2. 结构严谨，信息丰富

商务英语文本具有结构严谨，信息丰富的特征。为了追求信息量的丰富，常用简单的缩略语来表达复杂或专业性的内容，句子中也常出现动词非谓语形式（现在分词，过去分词，动名词和不定式）的使用，但独立结构却较少使用。例如：There are several items of commission not yet paid. 有几笔佣金尚未付清。

3. 句式格式化

商务英语文本中，有许多已形成了固定格式的句型，这些句型不是语法结构意义上的唯一选择，但却是不可更改的表达式，常被用来表达专业内容。这些约定俗成的格式也形成了商务英语的一大特点。例如：With reference to our order for, we are pleased to advise that, after the contract is signed, we shall open with the Bank of China here a confirmed irrevocable letter of credit at sight in your favor, negotiable against your documentary draft at sight drawn on us. The L/C will reach you not later than one month before the stipulated time of shipment. 关于我方洽购之事，现通知如下：合同订立之后，我方将委托此间中国银行开出保兑的不可撤销即期信用证，凭贵方即期跟单汇票议付。该信用证将不迟于规定装运期前一个月到达贵方。

在上述例句中，with reference to 是一个常用的固定开头语，而随后的有关信用证及其支付方式的一切描述，其中包括保兑的（confirmed）、不可撤销的（irrevocable）、即期的（at sight）、跟单的（against documentary）、议付的（negotiable）、由中国银行开出的（open with Bank of China）等诸多说明语的排列也有一个固定结构，如果使用其他的语序来表述就缺乏规范性。

## （四）词汇层面的分析

商务英语属于专门用途英语范畴，它有一个独特的语域。由于"语域是根据语言使用者在运用语言时所要求完成的功能来定义的"，所以当我们"把语域与标准语言的规范比较一下，便可发现许多偏离现象。最明显的是在使用领域中的专门词汇相当多"。此外，商务英语使用的词汇也常常属于正式类别。具体从词汇使用选择方面来看，商务英语具有以下语体特征：专业性与次专业性词汇丰富。商务英语是在商务背景下所使用的英语，其涉及面很广，包括经济、贸易、保险、运输等诸多方面。因此，商务英语中包含了许多专业术语是必然的。就词义而言，专业词语的含义是相当狭窄的，比如：insurance（保险）、carton（纸板箱）、transit（运输）、consignment（货物）等词汇，词义单一，在句子中的意思很明白，易于理解。而次专业词汇则不然。所谓次专业词汇，指的是那些在不同的场合与不同的专业中，有着不同意义的词。这些为人熟知的词汇，在商务英语中却有着独特的内涵。比如：order 指"订单"，而不是"命令"。offer 是"报盘"，意指向潜在的买家报出货物的规格、价格及运输条件等信息而不仅仅是"提供"的意思。

根据商务英语的用途来看，商务英语是专门用途英语的重要分支，具有实用性、专业性和目的性的特点，为广大从事国际商务活动的人们所认同和接受。因为商务英语有其自身的语言独特性，在其词汇使用上表现尤为突出，主要表现出专业性、时代性、多义性、简洁性等特征。翻译商务英语词汇时，应从套语翻译、词类转换、被动语态、文化差异等方面考虑。要准确娴熟地掌握和运用商务英语，除了具备扎实的英语基础知识外，还应该从语言的特殊角度，了解商务英语的词汇特征，不断实践和总结商务英语的翻译方法，学习相关商务知识，熟悉商务活动中各环节的操作流程，关注国际经济发展动态及各国文化差异。

总而言之，属于专门用途英语范畴的商务英语具有鲜明的语体特征。了解商务英语的语体特征，正确发挥它的语言功能，准确把握它的语域偏离范围，是学习商务英语的一个重要方面。同时，对教师来说，也应该明白教语言的真正目的是训练学生讲语言的能力而不是谈论语言的能力。在商务英语教学中，始终应该贯彻活学活用的原则，应该教专业的语言，学地道的行话，练得体的表达，这才是最重要的。

## 二、商务英语教学中的商务观

商务英语主要是英语语言教学和商科专业知识教学二者的结合，涉及营销学、经济学、金融学、会计学和管理学等许多边缘学科的知识。商务活动涉及对外贸易、技术引进、招商引资、对外劳务承包、商务谈判、经贸合同、银行托收、国际支付与结算、涉外保险、海外投资、国际运输等范围。为了准确描述商务活动的各个环节以及与此相关的各类单据、协议和合同，商务英语中必然使用表意清楚的专业术语。

### （一）商务英语教学的课程要求

本课程着重对学生进行商务英语知识的训练和应用，培养口笔表达能力、涉外交际能力，使学生通过反复训练，养成用英语思维和语言表达的能力。

### （二）商务英语的教学思想

1. 基本理论

基本理论包括一般语言观、商务观、人文观及相应的规律、模式、原理。

2. 基本知识

基本知识是基本理论的应用，包括商务英语的教学方法、方式，各种类型的教学手段、技术的运用和使用，以及有关的道理和说明等。

3. 基本实践

基本实践是指初步把商务英语教学基本理论和基本知识应用于商务职场教学中的尝试。其主要形式是情境模拟、表演、讨论、电脑操作等。

4. 基本操作

基本操作是指商务英语教学中的技艺性或技术性的活动。如教学中每个项目中的具体任务的整体设计和构思等。

5. 专业思想

商务英语教学内容涵盖面宽泛，它包括人力资源、企业管理、市场营销、金融、国际贸易等各个领域的内容,掌握这些知识的深浅度以及所学知识需要的思想修养、文化修养等。

### (三) 商务英语教学中的课程内容

关于商务英语教学中的课程内容,因为全国对商务英语的学科地位和商务英语的人才培养模式还没有一个完全统一的定论,所以不同学校根据自己对商务英语的理解以及自己的教师资源情况,存在着各自为政的局面,下面仅以浙江金融职业学院"商务英语"这门课程的设计为例来说明商务英语教学中的商务观,具体如下:

1. 授课对象

商务英语专业学生。

2. 课程类型

商务英语专业的核心课程。

3. 课程性质

商务英语是高校商务英语专业学生的职业必修课程。本课程的目的在于使学生通过商务英语的学习和实践以获得从事各种商务活动的知识,它包括人力资源、企业管理、企业文化、商业道德、商业环境、电子商务、市场营销、广告、金融、投资、银行业、国际贸易、保险物流、商务策略等各个领域的内容,培养学生的交际能力和处理经贸实务问题的能力,以适应社会对外贸从业人员的素质要求,寻求语言能力的培养和商务英语知识学习的最佳结合点,将语言知识、交际技能、文化背景知识和商务知识融于一体。具体涉及以下几个方面:使学生掌握基本的商务英语知识和实践技能;使学生具有一定的表达和交际能力;培养学生的英语思辨能力和商务涉外能力,为学生营造各种话语环境,使他们能够把所学的知识运用于各种日常交际活动和商务活动中。

4. 课程目标

(1) 课程总体目标

为外经贸和涉外企事业单位培养具有开阔的国际视野、扎实的语言基本功、系统的商务知识、较强的跨文化交际能力和较高的人文素质的应用型商务英语专门人才。在知识结构方面，要求学生熟悉商务概论、市场营销、人力资源、企业管理、物流和国际贸易等方面基础商务理论。在能力方面，注重培养学生的语言应用能力、商务实践能力和跨文化沟通能力，同时提高学生的社会责任感、团队协作精神和道德情操。

（2）理论目标

通过本课程的学习，掌握西方经济学、国际商法、管理学、人力资源、物流、国际贸易、国际金融、跨文化交际等方面基础商务理论，能运用商务和跨文化知识从事对外商务工作。

（3）实践技能目标

能用英语和所学的商务知识进行对外沟通和交流，能参与各种商务会议和讨论，从事各种商务活动。

（4）素质目标

提高学生的社会责任感、团队协作精神和道德情操。

5. 课程功能

本课程的功能在于使学生通过商务英语的学习和实践以获得从事各种商务活动的知识，寻求语言能力的培养和商务英语知识学习的最佳结合点，将语言知识、交际技能、文化背景知识和商务知识融于一体。

6. 课程特色

以专业为依托，体现学生未来职业特点，依托学生所学专业，淡化语言自身体系，拓展学生的英语职业能力，突出专业性。

7. 课程设计理念

本课程的设计核心理念是构建"以工作过程为导向的项目化教学的任务驱动课程模式"，围绕这一中心，重点做好以下几个方面的设计：

（1）课程设计指向实际工作过程需要而不是学科系统。教学内容的选取主要来自企业单位的外贸工作、涉外文秘工作、宾馆旅游工作和企业管理、人力资源等实际内容和工作过程、工作步骤、工作方法。

（2）以实践作为课程教学的主线，通过实践带动知识与技能的学习，提高学生的社会责任感、团队协作精神和道德情操以及职业态度的养成。教学体系完全打破原有课程单元体系，按照教学项目安排，项目的设计以商务英语的外贸工作流程核心为载体。

（3）作为商务英语课程，实训中没有可以操作的设备，工学结合很难实施，所以在教学过程中采用情境模拟方式，进行角色表演，完成虚拟工作任务。

（4）全部教学按照项目下的任务进行，一个完整的项目通常包括几个任务。每个任务中又包括：工作任务书、学习指导书、教材与教案、课外补充相关专业阅读资料、课内外作业、任务完成与学习评价等。

8. 课程设计思路

课程设计应遵循以下思路进行：课程所对应的项目中的任务—任务中的职业能力分析—创设分解具体的工作任务—情境岗位角色表演—配置学习资源—完成教学工作任务—总结评价—巩固提高（课程综合实训）—实际应用（顶岗实习）。

9. 课程设计内容

（1）理论内容设计

（2）实践技能训练内容设计

通过语言基础上商务专业知识的掌握这条主线来开展各种能力训练项目，培养学生在商务场合处理商务事务的能力，从开始的商务理念的建立以及从事商务活动所应遵守的商务道德和对商务专业知识的掌握到找准各种职场岗位和职责，进行具体商务活动。

10. 采用的教学方法

教学有法，教无定法，贵在得法。由于每个项目中任务内容的不同，因此教学方法也会随着任务内容的不同而改变。在教学过程中，有很多方法可以使用，比如项目教学法、情境教学法、合作教学法、案例分析法等。

11. 考核方案设计

学期总评成绩＝平时成绩（30%）＋期末成绩（30%）＋实践操作成绩（40%）

平时成绩（100%）＝出勤（40%）＋课堂表现（50%）＋平时作业（10%）

其中，旷课 1 次扣 5 分，病假和事假 5 次扣 1 分，扣完为止。

课堂表现：课堂发言、小组讨论、参与活动情况。

平时作业：平时作业分口头作业和书面作业。总分 10 分，没按时完成一次扣 2 分，扣完为止。

实践操作成绩（100%）= 口语表达（商务沟通能力）+ 计算机操作能力 + 商务写作能力。

期末成绩（100%）：卷面笔试。

## 三、商务英语教学中的方法观

关于方法的概念是什么的问题，胡春洞认为：方法是法则，是系统，是组织，是变化。胡春洞关于方法的观点也适合于商务英语教学。教学有法，教无定法，贵在得法。也就是说，只要合乎教学的客观规律性，就是教学得法。商务英语教学运用的是多元综合法，而多元综合法是把各个教学法之长归纳为一个方法体系，所以商务英语教学法具有体系性，同时也是商务英语教学的法则。

商务英语教学法的系统性完全符合系统论研究的范畴。因为商务英语教学是开放性的，系统内部具有多层次的特点，把各个子系统的平衡，如语言知识、商务专业知识、实践技能和人文素质教育等的平衡，作为重要的方法措施。其中也包括教学反馈和控制。也就是说，在方法是系统的概念中，商务英语教学是现代方法论的系统论和信息论等综合应用的场所。

组织是一个重要的方法概念。有组织才有效率。（胡春洞，1997）商务英语教学法的各种教学方法的应用是对具体方法的组织。每一个具体的方法是有限的，而各种方法的组织搭配的多元性则是无限的。比如，我们在进行商务英语教学中，可同时应用很多种方法，也就是这些种方法的综合搭配。

## 四、商务英语教学中的人文观

### （一）商务英语专业人才的培养目标

商务英语专业人才的培养目标是为外经贸和涉外企事业单位培养具有开阔的国际视野、扎实的语言基本功、系统的国际商务知识、较强的跨文化交际能力和较高的人文素质的应用型商务英语专门人才。在知识结构方面，要求学生掌握英语语言学、文学、文化等人文知识，熟悉经济学、管理学、金融学和国际贸易等方面基础商务理论。在能力方面，注重培养学生的语言应用能力、商务实践能力和跨文化沟通能力。同时通过人文素质教育，提高学生的社会责任感、团队协作精神和道德情操。

就商务英语专业而言，除了语言、商务的知识和能力要求之外，人文素质教育应该注重培养学生的人文意识，遵循人文方法，扩大人文知识，增强人文才能，提高人文素养，促使他们在跨文化交际的活动中，秉承人文精神，彰显出文明、科学、爱国、求真的健康品格和蓬勃向上的精神风貌。

### （二）商务英语教学中的人文观

1. 建设人文环境的意义

高等学校要着力营造人文氛围，培育和建设人文环境，这对于注重实用性和应用性的商务英语专业尤其重要。人文环境取决于学校管理者、教师和学生的认识与投入。管理者要树立人文与科学素质教育同等重要的办学理念，通过各种文化、学术活动，培育人文性校园文化。教师与学生通过互动的教学活动，活跃课堂的人文气息，唤起学生的人文意识，为人文素质教育创造条件。

2. 具备人文意识的意义

人文意识是人文素质教育的先导，只有具备较强的人文意识，才能主动接受人文素质教育，因此高等学校要有组织、有目的地开展各种活动，提高和强化人文意识。人文意识表现在感性和理性两个层面。前者表现在个体的为人处世方面，理解、尊重、关心和爱护别人。后者表现出对人类的忧患意识和终极关怀。就商务英语专业而言，就是"知彼知己"的文化意识，主动了解、辨析、体察国家之间的文化差异性，增强对文化冲突的心理预期，培养处理文化差异的灵活性。

3. 学会人文方法的意义

人文方法是人文思想中所蕴含的认识方法和实践方法，是获取人文知识的手段。人文方法表明了人文思想是如何产生和形成的。学会用人文的方法思考和解决问题，是人文素质的一个重要方面。与科学方法强调精确性和普遍适用性不同，人文方法重在定性，强调体验，且与特定的文化相联系。获取不同的人文知识需用不同的人文方法。教师不仅要传授学生人文知识，更重要的是要传授获得各种知识的人文方法。

4. 掌握人文知识的意义

人文知识是提高人文素质的基础。人文知识有广义与狭义之分。广义的人文知识是人文科学知识的总和。狭义的人文知识就是中国和英语国家人文科学的基本知识。商务英语专业的学生要熟悉中国的哲学、历史、文学、艺术、伦理学和宗教学等文化传统和现代知识，能够在跨文化交流中传播和弘扬中国的传统文化。同时，熟悉英语国家人文科学发展的重大成就，尤其是它们的历史、地理、文学、哲学、艺术等方面的知识，在相互交流中取长补短、共同进步。人文知识是转化人文才能的前提和基础。

5. 提升人文能力的意义

人文能力是人文素质教育的关键和目标之一。它主要指利用所学的人文知识解决实际问题的能力，即"盘活"所学的人文知识，有效开展跨文化交际的能力。通过阅读人文经典，提高自己的形象思维能力、批判赏析能力、分析与综合、抽象与概括、多角度分析问题的思辨能力。通过参加人文实践活动，培养创新思维，并在发现问题、分析问题和解决难题的过程中发展创新能力。人文能力还包括具有较强的汉语口头和书面表达能力，熟练掌握中英文各种应用文的写作。

6. 提倡人文精神的意义

人文精神是一种人类的自我关怀，具体表现在对人的尊严的维护，对个人价值的追求，对命运的关切，对人类文化遗产的珍视，对理想人格的肯定和塑造。人文精神是人文素养的集中体现。培养和提倡人文精神，就是要有正确的人文理念，树立正确的价值和意义体系，塑造文明、开放、民主、科学、进步的民族精神。将人文精神内化成正确的世界观、人生观和价值观，同时外化成爱国主义、集体主义、求真务实和勇于创新的实际行动。人文精神既抽象又具体，贯穿于人文素质教育的始终。

7. 培养人文素质的意义

人文素质是人文才能和人文精神相结合所体现出的素养。人文素质和科学素质兼备是对现代人才的要求。除了身体和心理素质、思想道德素质、业务素质之外，大学生应该注重人文素质的培养，通过阅读人文经典、参加各种人文活动，提高自己的想象力、批判思维能力和创新能力。对教师而言，应该通过改进教学内容和方法，帮助学生透过表象的语言符号，看到语篇框架支撑下隐含的丰厚的文化信息，体验其中意味深远的人文意义。

8. 人文素质教育体系组成要素的相互关系

人文环境是条件，人文意识是先导，人文方法是手段，人文知识是基础，人文才能是关键，人文素养是目的，人文精神是核心。它们之间相互作用和对立统一的关系，共同构成了人文素质教育的体系。

### （三）商务英语教学中人文素质教育的途径

1. 以人文教育为突破口

培养具有文化修养、基本综合能力较强的复合型人才，应将人文素质教育置于基础性、先导性的突出位置，多元化地开展人文教育，以课程设置为依托，以课外文化为辅助。

第一，建立人文教育培养模式，改革人文教育教学方法，拟定教学计划，开设人文课程，举办文学、心理学等方面的人文素质系列讲座，拓宽学生的人文科学知识面，通过建立多元化的人文素质教育模式，使学生具备职业基本素质。同时，人文类课程的教学应重新审视传统教学方法，明确确立学生在教学活动中的主体地位，尊重学生的自主精神和选择性要求，发挥学生的主观能动性。

第二，在教学过程中，大力推行以学生为教育主体的讨论式教学、辩论式教学、启发式教学、直观形象教学等多元教学方法，帮助学生将人文知识内化为人文素质。同时，教师要善于发掘各学科中真善美的内涵，以此作为人文教育的素材，使人文素质教育贯穿于整个教育教学过程中。

## 2. 以加强校园文化建设为载体

校园环境是学校精神文明建设的窗口，是人文精神的体现，对学生全面素质的提高有着潜移默化的作用。通过加强文化创造和文化引导，优化教学环境，完善教学管理，丰富校园生活，从而创造和形成积极向上、健康有益的文化氛围，促进学生在良好的文化熏陶中健康成长；培养学生正确的人生观和价值观，提高学生的人文素养，促进学生实践能力和创新精神等基本能力的发展。

丰富的校园文化活动是拓宽学生专业知识面的有效途径，对于培养学生正确的审美理想、健康的审美情趣，提高对美的感受力、鉴赏力、表现力和创造力有着重要作用，是加强人文素质教育，提高学生基本能力的重要手段。

人文素质对于丰富学生的哲学思维、形象思维，进而提高创造力有着重要作用，对于提高学生的公共道德素质、职业道德素质、身心素质等起着关键性的作用。人文素质教育能培养具有高尚道德情操与人格修养、健康心理性格与价值取向、敏捷思维方式与处世能力等基本素质，以及作为一个现代职业人必须具备的包括语言表达能力、文字表达能力以及社会责任感、诚信度等职业基本能力的商务英语专业人才。

# 第七节 对商务英语教学的全面思考

教学路子（approach）指的是达到教学目的的基本途径或总路线，包括成体系的教学方法。一般来说，教学路子的概念比教学方法的概念更广一些。教学路子代表教学的战略决策，因此是教学指导思想的重要组成部分。（胡春洞，1997）

20世纪80年代，由于沿海各大城市乃至内陆地区外贸业务的快速发展，对会英语、懂商务的人才提供了客观需求，推动了商英教学的快速发展。各高等院校应时而动，纷纷设立商务英语课程或专业。20世纪90年代，商务英语教学进入全面发展阶段，开设的范围扩大，形式变得多样，由原来有商务基础优势的院校扩展到职业院校、私立学校和中外合作办学的院校，教学内容也随之拓宽。进入21世纪，商务英语的发展进入积极提升阶段，主要表现为理论研究、学术层次开始提高，教学者不只停留在教书阶段，而是开始审视教学模式等。

商务英语被认为是专门用途英语（English for Special Purposes，简称ESP）的一个分支学科，而ESP又是英语语言教学（ELT）下英语作为外语（EFL）领域中新崛起的分支。人们普遍认为ESP产生于20世纪60年代，理所当然商务英语开始作为一门学科的历史也就从这个时间开始。但纵观英语语言教学的历史，我们发现商务英语（更确切说是外贸用途的商务英语English for commercial purposes）早在ESP产生之前就已成为英语语言教学的一个重要部分，可以说是ESP的先驱。因而，按照与ESP的关系史来看，商务英语可以分为前ESP和ESP时期两个阶段，即实用性商务用途英语教学阶段和系统学科理论指导下的商务英语教学阶段。也就是说，一方面以商务成功进行为目的的英语教学促成了ESP作为一个分支学科的产生，另一方面ESP的产生和发展又将商务英语教学从简单的状态带入到了系统全面的学科阶段。

商务英语作为ESP的分支，从ESP作为学科正式确立开始算起不过50年，而这方面的实践活动已进行了近500年。早期的商务英语与当时各国间商务活动的主要形式密切相连，以进出口贸易特别是港口贸易为主要内容。早期的学习者对商务英语不求甚解，只为着贸易双方的快速交易，于是实用的商务常用语手册往往在早期非常流行。早期的商务英语教学虽然不够系统、弊端颇多，但的确缓解了当时贸易各方克服语言障碍的需求，并为其学科的建立在实践上奠定了基础，一些好的方法贯彻至今。但要真正成为一门学科，它还缺乏最为重要的理论基础。

现代意义上的专门用途英语产生于20世纪60年代后期，而为了克服英国和欧洲各国贸易活动中的语言障碍所编写的商务用途英语学习书籍早在15世纪末就已经出现。

商务英语教学的构建原则应遵循的是：教学资源立体化、教学任务项目化、教学内容模块化、教学方式情境化、教学手段多样化。

## 一、正确处理教语言知识、教商务专业知识、教中西方文化差异的关系

商务英语语言的学习和使用离不开商务专业知识和中西方文化差异，三者密不可分。教师在教授专业知识的同时，教授语言知识；在教授语言知识的同时，教授商务知识，并在学习的过程中体现中西方的文化差异。

商务英语课程内容涵盖面太广，主要涉及商务知识领域，因此商务英语应以英语语言为基础，以商科知识为依托，以行业需求为背景，以工作任务为导向，适应职场需求，把学生毕业后在公司里面不同的岗位上工作所能涉及的商务知识及其运用确定为一条主线，同时穿插一些英美习俗和文化，调动激发学生的学习积极性。商务英语虽然强调专业知识的重要性，但同时也要注重语言的重要性。因为语言是一切人类的表达形式，它无限多的用途可以缩成几种基本功能，即寒暄功能、指令功能、信息功能、疑问功能、表达功能、表情功能和言语行为功能，商务英语也不例外。商务英语专业的学生学习英语的主要目的是使用英语去从事各自的业务活动。在职场、社交、贸易、文化交流活动中，所涉及的涉外活动首先是口头活动，其次是业务中需要处理的商务文件，如商务广告和业务单据等。听、说、读、写、译等基本语言技能，使学生掌握较强的语言沟通能力，以教学计划、教学大纲和教材为基本素材，对学生进行专业指导。

## 二、正确处理教理论知识和教语言知识的关系

商务英语的理论知识，主要是学习相关的商科知识，即经济学的基本原理和基本知识、国际贸易操作流程、企业管理知识、人力资源内容、市场营销、物流等。在以往的教学中都是只重视学习语言，虽然是商务英语专业，但是大多数商务英语教师的水平仍然停留在语言层面上，课程设置在"语言+专业（汉语）"这个简单的模式上，语言和商务知识没有融合在一起。语言知识的教学要为专业知识的学习打下坚实基础，并且服从商务技能培养的需要，为商务言语技能的发

展服务。在教授理论知识的过程中提高语言应用能力，在学习语言的过程中掌握专业知识。也就是说，语言知识教学和专业理论知识的学习是通过使用、练习、实践而得到统一的。

语言教学服务于商务专业知识的学习。所以，要学习掌握好商务英语专业词汇，这是商务英语教学成功的保证。

## 三、准确定位培养模式

关于商务英语培养模式的构建，要树立"能力本位"人才观和"零距离"上岗"质量观"，优化商务英语专业人才培养模式，通过市场调研定位培养目标，按照工作岗位群进行细分，然后确立培养模式，进行实践教学。有关专家提出要树立"宽、厚、活三维能力"模式，即"宽"基础能力、"厚"专业能力、"活"岗位群适应能力的三维能力模式。这种模式要求学生具有丰富的英语知识、熟练的商务专业知识和广博的人文知识。在语言方面要求学生具有扎实的英语听、说、读、写、译的基本功，表达能力强；在专业方面要拓宽口径，夯实基础，不断加大专业知识的教学力度和范围，在语言技能课中通过语言的学习获得商务知识，在商务专业知识学习中强化语言技能，并结合中西方文化差异进行实践技能的培养和应用，突出该专业"英语语言教学+专业知识教学（商科知识教学）+商务技能操作教学（商务实践教学）+人文素质教育教学"的复合型人才培养特色，增强适应未来岗位群的柔性化特征，根据社会劳动力市场的变化，在一定时期内调整专业课程和内容，增强毕业生的择业能力和就业竞争能力。

除此之外，关于商务英语教学的哲学思考，商务英语教学首先是语言教学，所以它具备语言教学应有的规律。这些规律有的是全局性的，有的是局部性的。在商务英语教学指导思想中需要有商务英语教育哲学思想作为统帅。哲学上关于理论与实践的统一、感性与理性的统一、矛盾的普遍性与特殊性的统一、对立统一、由量变到质变等基本观点和法则都适用于商务英语教学。哲学完全应该成为认识商务英语教学规律的重要武器。

但对于商务英语教学，无论在理论上还是在实践上都是不断发展的，商务英语的哲学教育学思想也应该随着商务英语理论教学和实践教学的发展而发展，树立科学对待商务英语教学的指导思想和哲学思想的态度。

# 第二章 商务英语教学的理论应用

## 第一节 莱特博恩理论观的应用

1993年,莱特博恩(Lightbown P.M.)和斯彼德(Spada N)经过多年的深入实际、观察了解、精心研究,把外语学习理论分为四大类:行为主义论、认知论、创造性构造理论和第二语言相互作用论。(施良方,1994)

根据施良方的观点,行为主义论、认知论也适用于商务英语教学。因为商务英语教学本身是建立在语言教学基础上的,而且商科理论知识的学习也首先要解决商务英语的词汇、语法等问题。

### 一、行为主义理论

行为主义者认为,学习是刺激与反应之间的联结,常用 S-R 加以表示。行为主义学习理论用到教学实践中,就是要求教师掌握塑造和纠正学生行为的方法,为学生创设一种环境,尽可能在最大限度上强化学生的合适行为,消除不合适行为。桑代克是学习理论的奠基人之一,斯金纳更是将行为主义学习理论推向高峰,他提出了操作性条件作用原理。在教学方面,教师充当学生行为的设计师和建筑师,把学习目标分解成很多小任务并且一个一个地予以强化,学生通过操作性条件反射逐步完成学习任务。

根据行为主义者的观点,所有学习,不管是语言,或者是非语言,都是通过相同的强化过程和习惯的形成而产生的,学习者是通过他周围说话者和积极巩固对他们正确的重复和模仿而接受语言输入的。刺激-反应论是行为主义理论的基础，行为主义理论主张语言是一种人类行为，而不是一种思维现象。（施良方，1994）商务英语是在职场上使用的英语，它是通过在职场进行商务活动强化过程和习惯而形成的。商务英语注重商务沟通能力，比如商务信函的写作、商务谈判中英语语言的运用等，这些现象都体现了刺激-反应论，也体现了行为主义理论的基础。商务英语应用于某些特定的商务场合，商务语言是通过习惯的养成而学会的，比如商务谈判中某些语言的使用，某些固定句型、句式的使用，商务信函中某些固定句型、句式以及某些固定表达法等的使用，因此商务英语语言的发展可以被描述成一系列习惯的习得。

行为主义者认为，错误是第一语言习惯干扰外语习得的结果。这个心理学习理论已经和对比分析假设（CAH-contrastive analysis hypothesis）连在一起。对比分析假设认为，外语学习的心理过程与儿童母语习得不同，儿童母语习得不受任何其他语言干扰，而外语学习者在学外语之前，已经养成了一整套母语习惯，这些习惯对学外语可起正迁移（positive transfer）和负迁移（negative transfer）作用，这个迁移理论是对比分析的心理学基础。对比分析的核心就是通过对比两种语言的异同，预测到学生学习语言的困难和易犯的错误，从而有针对性地做好教学工作。（施良方，1994）

行为主义关于语言习得的观点也同样适用于商务英语。商务英语虽然和普通英语有着密切的联系，但是普通英语的语言习惯也会干扰商务英语语言的使用，比如一些普通英语词汇，用于商务英语中，它的意义就完全发生了变化，例如，arbitrary 这个词，在普通英语中它的意思是"任意的"，但是在商务英语中，它的意思却是"仲裁"。根据行为主义的观点，这个心理学习理论也已经和对比分析假设（CAH-contrastive analysis hypothesis）连在一起。商务英语学习者在学习商务英语语言之前，也已经养成了一整套普通英语使用的习惯，这些习惯对学商务英语可起正迁移（positive transfer）和负迁移（negative transfer）作用，这个迁移理论是对比分析的心理学基础。

通过对比普通英语和商务英语的异同，预测到学生学习商务英语语言的困难和易犯的错误,因为商务英语的专业性很强,是随着商品生产及贸易的发展而形成的一种文体形式,反映的是商务活动的语义内容。商务活动从本质上讲必然和普通大众相联系,同时也有专属于以商务活动为职业的专业人士的内容。商务英语不以语言的艺术美为追求目标,而是讲究逻辑的清晰和条理、思维的准确严密和结构的严谨性。

从不同的认识视角来看,商务英语是专门用途英语的一个分支,所以商务英语教学是社会发展的必然,是普通用途英语教学的扩展和延续,是英语语言教学贴近经济社会,培养实用型英语人才的一大变革。商务英语教学虽然崛起较晚,但发展很快。商务英语是英语的功能变体,是英语在国际商务领域和活动中的使用,就词汇而言,商务英语词汇有自己的特点,但与普通英语词汇也存在着联系,从词汇上着手研究商务英语,研究商务英语在词汇上所表现出来的独特之处,最终的目的就是为了做到恰当、得体、准确地使用商务英语,这要求商务英语教师要有针对性地做好商务英语教学工作。

专门用途英语教学是语言学开始用情景分析法来进行的。商务英语属于专门用途英语,所以在很长时间里,情景分析法一直是商务英语的主要研究方法。该方法是建立在功能语法和社会语言学理论基础上的。语言是社会交流的工具,这是社会语言学家的观点。学生在学习过程中受到很多因素的制约,这是功能语言学家一直坚持的观点。这些都是语言交际组成部分的因素。它们互相依赖,构成一个有机整体。在语言教学各种理论的影响下,教师再次确认了培养学生商务交际能力的重要性,认为学生应该学会在各种不同商务情境下做出不同适当的反应,练习使用商务语言,而不是只学习词汇和语法。让学生处于不同情景中学习相关的表达法,是在不同商务场合培养学生交际能力的唯一有效的方法。

## 二、认知理论

施良方在《学习论》中写道:"认知心理学家认为,学习者必须重视他们尽力去理解或表达语言的每一个方面。学习者渐渐地通过经验和实践能自觉地运用语言。认知学习主要包括知识掌握和问题解决过程,情感学习与技能学习中的认识部分。认知有广义和狭义之分。从广义来讲，认知即人的认识活动；从狭义来讲，认知指知觉的理解性，即领会、理解、意识到的东西，指思维、记忆、感知、识别、分类等心理过程。"

张佐成在《商务英语的理论与实践研究》中写道："Biehler&Snowman 在1990 年归纳的教育目的分类框架包括认知领域、情感领域和心理行为领域。认知领域强调知识学习和智性发展，情感领域包括态度和价值观，心理行为领域包括动手能力和技巧。在商务英语教育中，认知领域包括商务学科知识的学习、语言系统知识的学习和包括分析、综合、辩证、批评思维在内的智性方面的发展。情感领域包括发展学生对文化差异的敏感性，对其他文化的态度和处理跨文化交际的策略和技巧。心理行为能力覆盖了包括语言运用能力和实际处理商务活动能力在内的一系列能力，也就是以符合商业程序和惯例的方式产出、传递和消受商务话语的能力。"

从张佐成在《商务英语的理论与实践研究》的论述中我们可以发现，认知理论在商务英语教学中的拓展和具体应用,体现了认知理论在各个学科中运用的广泛性。

"认知理论认为，学习是对客观事物之间关系的认识，学习是对环境的适应，是一个主动积极的过程。学习是通过学习者的认知，获得客观事物的意义和意象。学习是由一系列过程所组成。索里（Sawrey J.M.）和特尔福得（Telford C.W.）认为，认知学习是指刺激与反应所经历的观念过程，也是获得意义和达到期望的过程，而不仅仅是一系列的反应，它常常被形容为认知结构的形成。这些认知结构由一个人感知和理解他的物质世界和社会世界的一般方式所组成。"（施良方，1994）

根据认知理论的这一观点，我们很清楚地知道：商务英语教学是对职场上商务语言的运用和商务专业知识之间关系的认识，商务英语教学必须通过社会调查，以满足职场的需求，教学内容必须适应职场和商场，必须体现商务英语语言的独特特点。通过商务英语专业学生对商务学科知识的学习、语言系统知识的学习和包括分析、综合、辩证、批评思维在内的智性方面的发展和认识，获得职场和商场使用商务英语语言的意义和意象。商务英语的学习由"英语语言教学＋专业知识教学(商科知识教学)＋商务技能操作教学(商务实践教学)＋人文素质教育教学"

这一过程所组成。这一过程也非常符合索里（Sawrey J.M.）和特尔福得（Telford C.W.）的观点，也就是上文中所提到的"认知学习是指刺激与反应所经历的观念过程，也是获得意义和达到期望的过程，而不仅仅是一系列的反应，它常常被形容为认知结构的形成。这些认知结构由一个人感知和理解他的物质世界和社会世界的一般方式所组成"。

商务英语的学习过程经过职场和商场这种准环境的模拟实训的刺激，学生为了适应这种与普通英语语用不同环境英语的表述，就要对一系列独特的、专业性极强的商务语言进行反应，决定了学习者怎样与环境相互作用并向环境学习，并形成另一种组织功能认知结构（cognitive structure），从而获得使用商务英语语言的意义，以实现在不同职场下使用商务英语进行贸易洽谈和合作的目的。因此我们可以得出结论，商务英语的学习符合完形说（格式塔学习理论）、顿悟说、符号—完形说、乔姆斯基（Chomsky A.N.）语言学习论等。

商务英语教学也符合乔姆斯基的思想：语言是一种以规则为基础的复杂系统，而不是一些习惯的总和。语言习得机制的最终目的是语言规则的内在化（internalization），这些语言规则就是理解和产生语言的基础。环境是促进语言习得机制的先决条件，不能单靠接触环境而习得语言知识。乔姆斯基认为，认知不是认知书本上已写好的知识，而是要认知在人脑中很难说出的东西。

商务英语的学习过程是一个复杂的、多元化的广博知识学习过程。它要求学习者具有全面的、综合的语言知识体系、商科专业知识体系和良好的人文知识体系，尤其是跨文化交际学知识体系的掌握。

商务环境是促进商务语言学习机制的先决条件，不能单靠接触环境而习得语言知识，要在大脑中对商务英语这个专业有全方位的认知。

# 第二节　建构主义学习理论观的应用

## 一、建构主义学习理论简介

建构主义是一种新的学习理论，是在吸取了多种学习理论如行为主义、认知主义理论，尤其是维果斯基（Vygotsky）的理论的基础上形成和发展的。行为主义强调刺激 - 反应对学习的重要作用，认为学生只是被动地接受信息，教师才是基本的知识来源，但忽略了在这种过程中学生的理解及心理过程。认知主义强调学生对外部刺激（所学知识）的加工和内化吸收。建构主义学习理论则认为个体的知识获得是客观与主观的统一过程。知识的学习和传授重点在于个体的转换、加工和处理，而非"输入"或"灌输"。在教学过程中，学生个人的"经验"和主动参与在学习知识过程中有重要的作用。

建构主义认为学习是一个积极主动与情境联系紧密的自主操作活动，在这个过程中，知识、内容、能力等不能被训练或被吸收，而只能被建构。但是，这种建构过程不是从零开始，而总是以一个已有的知识结构作为基础的。这种学习者在相当程度上依赖于学习在其中进行的情境的联系。学习者主动根据先前的认知结构，注意和有选择地知觉外在信息，建构当前事物的意义。被利用的先前的知识不是从记忆中原封不动地提取，而是本身也要根据具体实例的变异性受到重新建构。学习者是借助于他人的帮助对知识进行建构的。关于学习过程，建构主义认为是学习者主动建构内部心理表征的过程。学习者不是被动地接受外来信息而是主动地进行选择加工，学习者不是从同一背景出发而是从不同背景、角度出发，在教师和他人的协助下通过独特的信息加工活动建构自己的意义的过程，这是个人建构的过程。关于学习结果，建构主义的教学观认为，教育者有明确的知识目标，指导和协助学生按自己的情况对新知识进行建构活动，最后建构起关于知识的意义。关于学习条件，建构主义认为主体、情境、协作和资源是促进教学的四个条件：第一，学习要以学生为中心，注重主体的作用。第二，学习情境要与实际情境相结合，因为实际情境领域具有生动性和丰富性，能使学生掌握高级的知识。第三，注重协作学习，强调学生与学生的讨论及互相学习。第四，注重教学环境的设计，为教育者提供丰富的资源。

## 二、建构主义学习理论与商务英语语言学习

建构型学习具有六个核心特征：积极性、建构性、累积性、目标指引性、诊断性和反思性。建构型学习最符合学习的本质，最有利于开发人脑的潜力。荷兰尼密根大学对持有再现学习观、建构学习观和应用学习观这三种不同学习观的学习者进行了实验，结果证明不同的学习观、学习风格与策略、学习结果之间并不存在一一对应的关系，建构型学习者能同时在三种学习结果上表现出最佳业绩。

这种理论完全适用于商务英语教学，商务英语学习者无论采用再现学习观、建构学习观和应用学习观中的哪一种，在学习结果上都会表现出最佳业绩，这符合皮亚杰对语言结构的分析。商务英语教学是一门实践性很强的专业课程教学，学生只有在解决问题、完成任务的过程中，才会主动地进行自我探索，进行语言的实践应用。学习者可以通过合作、讨论来分析问题、搜集资料，直至解决问题。这个过程就体现出了语言知识、商务知识、文化知识学习和实践能力培养的建构和再建构的过程。皮亚杰认为语言知识结构具有三个特性：整体性、转换性和自身调整性。也就是说，语言知识的结构是开放性的，语言的共时性系统也并非静止不变，因此，它会随着输入不断地改变原有结构，形成新结构，而每一次产生的新结构又都能参与下一次的建构，产生新结构。商务英语语言的学习实际上是一种沟通技能的学习，是英语在职场上的具体应用，因为商务英语语言的结构完全是开放性的，它所面对的是商务活动中对商务英语这种专门用途英语的具体使用，学习者自身要主动选择、同化、顺应输入的信息，使新输入的材料与已有的信息相互作用，重新建构，形成新的结构。商务语言的习得也是学习者在具体的商务环境下积极主动建构的结果；输入向吸收的转化过程充满了学习者的主动建构，而不是被动接受；吸收的结果是新旧信息相互作用后的全新的结构。由于学

习者总是不断地接触商务语言材料,学习者的商务语言习得就成了不断建构的过程。因此,建构主义同样适用于商务英语学习。

## 三、情境教学的学习环境在商务英语教学中的建构

建构主义理论强调学习者是积极的意义建构者和问题解决者,强调学习者将自身经验带进学习过程,在这个过程中,教师、学生、任务和环境是影响学习过程的四大要素。

商务英语教学所进行的项目任务化教学中最强调的情境教学完全符合建构主义理论。情境(situation)主要指进行言语交际的外部的具体场合,根据费厄斯坦的中介作用理论,商务英语课中教师的作用不应仅局限于提供任务和促进学习者之间的言语互动,更应通过他们之间的语言,为学习者创造一种更好的学习氛围,一种可以激励学生学习和使学习变得轻松的环境。该教学法的特点是:将言、行、情境融为一体,有较强的直观性、科学性和趣味性,学生仿佛置身其境。情境教学可以激发学生学习激情,培养学生浓厚的学习兴趣,促成学生智力因素和非智力因素的发展,从而从整体上正确理解和运用语言,即整体语言教学法。学习环境则是支持和促进学习者学习的场所。

所谓教学中的情境都是模拟的。情境教学法是指教师根据学生的年龄特点和心理特征,遵循反应论的认知规律,结合教学内容,充分利用形象,创设具体生动的场景,使抽象的语言形式变成生动具体的可视语言,创设尽可能多的英语语言环境,让学生更多地接触感受英语、说英语、用英语进行思维、用英语的方式主导行为。在情境教学这种环境中,教师为学习者提供真实的模拟仿真学习情境,学习者更能做出在社会职场和情境关系中发生的合作建构和再建构。这种环境将使作为知识建构和再构以及获得认识和理解的、主动进行的语言学习活动变得更加容易。

## 四、建构主义指导下的商务英语心理需求分析

### （一）需要层次分析

马斯洛将心理需求分为七个层次：生理需求、安全需求、归属与爱的需求、尊重需求、认知需求、审美需求和自我实现的需求。虽然马斯洛并未特别提出教育与心理需求的关联，然而各种形式的教育是人类满足与提升心理需求的主要媒介。因此，接受教育是满足个人心理需求的重要渠道。调查表明，作为非英语专业的学生，他们学习商务英语的一般心理需求，反映了需求层次处于中低档次，而且缺少各个需求层次之间的贯通。如有79%的学生选择得到学分、拿到学位、找到工作，等等，这是生理、安全需求的间接体现，并初步进入归属需求和尊重需求。能够从认知需求和个人价值实现等更高层次出发，与自己人生目标相联系的学习者仅占较少部分。

### （二）学习动机分析

心理学将学习动机分为两种，即学习者的内源性动机和外源性动机。所谓内源性动机是指人的内在动机，比如出于自己的兴趣和提高自己能力、素质的愿望，而并不是为了得到外界的承认或酬奖。所谓外源性动机则相反，依赖于外部驱动因素，比如酬劳、奖赏、分数、找到工作或得到提升，等等。

具体而言，非英语专业的商务英语的学生相当一部分为拿学分。而在学习方式和学习内容偏好上，则倾向于有利于通过考试就行。由于学习动机含混，或者说内源性动机的匮乏，所以，在实际的学习过程中，多数学生表现为学习被动，急功近利，目光短浅。而在学习动力上表现为注意力不集中，缺乏毅力，热情忽高忽低，遇到困难容易沮丧和消极。

### （三）感知特征分析

调查表明，学生在商务英语的课堂学习中，更倾向于从中学时代就养成习惯的教学方式，更偏爱针对考试、"有利于顺利通过考试"的方式。这说明他们对自己的英语学习基础缺乏自信，在"动力定型"上还没有突破瓶颈。但是，多数

同学对于典型案例教学、情境模拟教学、游戏教学等情有独钟。这说明调动情趣、激发兴趣，在商务英语实际运用的情境中体会商务英语的魅力、激发学习动力、拓宽感知渠道，是十分必要的。

## 五、商务英语学习者心理需求的建构主义分析

建构主义认为，学习是获得知识的过程，但不能仅仅靠教师传授，而是需要学习者在一定的经济社会文化背景下，借助其他人（包括教师和学习伙伴）的帮助，利用必要的学习资料，通过建构的方式而获得。获得知识的多少取决于学习者根据自身经验去建构有关知识的意义的能力，而不取决于学习者记忆和背诵教师讲授内容的能力。建构主义教育理念的实质，是强调学习者的主动精神和内驱力，是尊重和调动学习者的主体性、参与性、创造性，以及和老师之间的互动性。表面上看，非专业商务英语具有一定的"直接实用性"，具有为商务活动服务、为职场竞争服务的"直接工具性"，但是越是这样，越需要依据建构主义教育理念而调动学习者的建构意识。商务英语再"特殊"，也要纳入学习者自己的知识结构，而且任何学习缺少了学习者自身的建构热情和建构行为，都会事倍功半、被动消极、滞缓低效。

因此，纠正或提升学好商务英语就能找到好工作的理解误区，引导学生将学习商务英语与内在素质提高、人生价值实现之间联系起来，摆正在商务英语学习中施教者和被教者的位置，建构良性的学习需求和学习心态，对商务英语的学习者来说是在开始学习之前和学习过程中都需要认真解决的问题。

## 六、心理需求分析对商务英语教学的理性启迪

### （一）从教学内容中提取内源性激励因素

商务英语无论教材内外，都会大量涉及商务精英人物、商务活动实例、商务语言词汇，等等。教师应当善于随时发现和提取这些内容中对学生的激励因素，尤其是内源性激励因素。教师稍加引导，就有利于使学生意识到商务英语既是有

力的洽谈、交流的工具，也是一个人内在素质的重要构成。

### （二）从情景教学中激发学生的审美情趣

从我们的调查问卷中可以看出，学生的学习方式偏好体现了年轻人的兴趣特点。马斯洛将审美需求作为很高的需求层次，这是很有道理的，因为审美需求对青年学生来说，只要善于引导，就一定可以成为重要的动力结构。

商务英语教学中，除了模拟和尽量贴近商务活动特定情景之外，情境教学本身就蕴含了艺术化教学和情景美化的要素。英语文化背景知识即英语国家的史地、政治、社会文化、风俗习惯等文化背景知识，而商务活动的相关背景更具备时代特色和跨文化魅力。

### （三）从师生互动中营造学生参与氛围

建构主义教育理念对商务英语教学的启发是相当重要的。在引导学生树立主体意识和激发主动精神的过程中，教师起着至关重要的作用。因此，商务英语的教授者一定要积极创建互动的氛围，调动学生参与的积极性，激励他们形成主动建构的热情和习惯。

## 第三节　人本主义理论观的应用

### 一、人本主义学习理论的主要观点

人本主义心理学是20世纪五六十年代在美国兴起的一种心理学思潮，其主要代表人物是马斯洛（A.Ma Slow）和罗杰斯（C.R.Rogers）。人本主义的学习与教学观深刻地影响了世界范围内的教育改革，是与程序教学运动、学科结构运动齐名的20世纪三大教学运动之一。

人本主义认为每一个人都具有发展自己的能力和动力，特别关注人的自我实现。个体可以选择自己发展的方向和价值，并对自己选择的结果负责。其基本假设是：任何情况下，一个人的行动取决于他是怎样从自己的角度来知觉世界的。行为与学习是知觉的产物，个人的多数行为都是他对自己看法的结果。

1. 教师不应只对成人世界敏感，还要对学生世界敏感。

2. 教师应把学生看作有各种各样的需要、能力和才能的个体。

3. 学习者的自我概念和自尊心是学习中的一个必要因素。

4. 应把学习看成是一个整体的过程，而不只是一个认知过程；学习行为包括情感、感情和依赖动作的技能。

5. 学习的基础是温暖、友好和民主的师生交互作用；强制和严格的纪律手段应减少到最低点。

6. 学习的质量（或学习过程）比学习的数量（或学习结果）更主要；教师应培养学生。

7. 学生分享观点、共同学习、互相学习和互相帮助；同质分组、学术交流、竞争性测验或计划应减少到最低点。

8. 学生与教师共同探讨课程经验和活动。

9. 给予学生更多（有限制的）选择和（有责任的）自由；选择和自由的范围和程度与学生的成熟水平和年龄有关。

10. 学习的基础是生活经验、发现、探索和实验。

## 二、人本主义学习理论的主要代表人物和内容

人本主义学习理论的主要观点适用于商务英语教学。根据钟鸣在《学习理论概述以及对科学教育教学的启示》中的叙述和归纳，我们可以发现这些观点和各个高校现行的商务英语教学，无论是理论教学还是实践教学，所采用的教学方法和教学过程都是一致的。在商务英语教学中，根据社会调查和岗位群的制定，学习者在大学二年级的时候，可以根据自身的兴趣和爱好选择适合自己的岗位进行学习，完成岗位群的自主分流，他们有不同的需要，因此选择不同的就业方向，完成自己的学业。这些首先体现了学习者自身所具有的发展自己潜力的能力和动力。教师按照学校专业岗位群的划分进行不同的专业教学，这充分体现了学校、

教师特别关注学生的自我实现。学生选择了自己发展的方向和价值，这也同时体现了教师对学生世界敏感，教师把学生看作有各种各样的需要、能力和才能的个体，把学习者的自我概念和自尊心看作学习中的一个必要因素。教师在教学过程中注重学生的情感需求，从分析学生和教材现状入手，重视学生个体差异。从尊重学生个性和特长发展着手。学生层次的差异除成绩以外，其兴趣爱好、动力、意志、性格、品质、态度等非智力因素方面也存在较大的差异。承认学生基础知识和学习习惯的差异，承认学生非智力因素等方面的差异，认真对待学生的个性及特长发挥。此外，人本主义学习理论在商务英语教学中的应用，要求教师提高素质，形成实践教学能力，形成三个阶段的教学策略。

第一阶段：模块教学能力。

模块教学能力就是彻底打乱教材的章节结构和授课顺序，根据知识的结构、层次、关联程度等将教材的内容划分为几个模块的能力，并根据模块教学基本要求进行合理分割、细化，教师根据不同的模块设置不同的教学目标，采用不同的教学手段和方法来组织课堂教学，具有较强的操作性。教学方法上，不同层次的学生实施不同的教学策略。教学手段上，在传统教学的基础上，可选用多媒体教学技术，以图文并茂、动静结合、声情融汇、视听并用的现代教学手段，为不同层次的学生提供全新的认识和把握发展的环境。

第二阶段：动态分层与管理能力。

教师在实施模块教学时，要通过动态地观察、分析和管理来提高动态分层与管理能力。一是确立学生的类型和层次；二是随着教学活动的不断深入，学生进入角色后会逐渐发生一些变化，教师要敏锐发现这些现象，及时进行调整，引导学生选择适当的专业，学习专业技能，顺利就业，并突出一技之长。教师动态分层与管理能力应体现在积极调动学生学习的积极性和主动权方面，要让每一个学生都来参与，一方面进行动态管理，不能局限于机械地对学生个体的界定；另一方面通过分组既能体现层次，又能带动群体。

第三阶段：质量评价能力。

要突出考核职业教育的培养方向和不同教学目标的实现过程，进行全程考核，提高教师对学生的质量评价能力。通过不同形式和内容对学生进行科学的考核，提高教师的综合评价能力。

充分把握素质教育的内涵和实质，教师在教学过程中要充分体现"以人为本"的教育思想和教学理念，认真分析学生学习能力与个性特征差异。在此教师要把握好两点：一是充分尊重学生，不要把学生当作一个简单的认知体，而要把学生看作一个有思想、有意识、有行为、有变化、有发展的生命体，教育的目的就是使这些生命更加丰富而饱满；同时在学生成长和发展中来提高自身的素质和实现自身的价值。教师与学生之间是两个生命的交融与渗透，教师能力的提高是在教师与学生共同成长发展的过程中来完成的。

专业课教师要深刻领会分层教学的基本思路、操作步骤和变化措施，积极研究专业教学大纲、教材及学生状况，认真分析各个环节之间的有机联系、动态变化及相互影响，及时调控和改进教学方法和手段，提高自身的实践教学能力。教师对教育教学理论的学习，不应停留在书本的条文上，而应把理论体系具体化，并积极、灵活地转化到教学实践活动中去，结合各个专业课教学，探索一条适合学生、适应社会、与专业学科体相适应的教学方法和手段，最终达到提高教师能力的目的。

# 第四节　信息论和系统论理论观的应用

## 一、信息论在商务英语教学中的运用

协同论、突变论和耗散论称为新三论，原有的系统论、信息论和控制论就是我们所说的旧三论。商务英语教学是建立在语言教学基础上的，所以系统论、信息论也完全适用于商务英语教学。

索绪尔认为交际是一个通过语言交流信息的过程，包含着生理的、心理的和物理的运动。1948 年，申农的 The Mathematical Theory of Communication 问世，他的论著标志着信息论的产生。

## （一）几种交际模式

在王才仁的《英语教学交际论》中，他归纳总结了交际模式的发展，主要有申农（Shannon）模式（1948）、拉斯韦尔（Lasswell）模式（1948）、罗丝（Ross）模式（1965）和戴维托（Joseph A.DeVito）模式（1983）。

1. 申农（Shannon）模式（1948）

在申农（Shannon）模式（1948）中，申农认为信息的交流有六个因素：

（1）信源（source），也就是信息的来源；

（2）转换器（transmitter），也就是把信息编成代码；

（3）信道（channel），就是信息的通道；

（4）收信者（receiver），就是译码人；

（5）信宿（ckstn），就是最后收到的信息；

（6）噪声（noise），就是指信息通过信道时会受到噪声干扰。

2. 拉斯韦尔（Lasswell）模式（1948）

在拉斯韦尔（Lasswell）模式（1948）中，他提出了所谓的"五W模式"。用五个W引导的疑问词是who，what，what，whom，what，即提出谁？说什么？通过何种渠道？对谁？有何效果？这个模式显示了交际的主要方面的能动作用，但是这种交际并未反映交际的双向性，属于说服性交际。原模式是：

（1）Who;

（2）Says what;

（3）In what channel;

（4）To whom;

（5）With what effect.

3. 罗丝（Ross）模式（1965）

在罗丝（Ross）模式（1965）中，罗丝把前一段时间有关模式讨论的成果吸收进来，增加了不少新的内容，使交际过程更加全面。这里值得注意的有五点：

（1）交际是双向的，信息传出后会得到反馈（feed-back）；

（2）交际的内容是由几方面因素决定的，如知识（knowledge）、经验（past

experience）、情感（feelings）、态度（attitudes）、情绪（emotions）；

（3）交际的过程主要是编码（encoding）和解码（decoding），而且有选择性和概括性；

（4）信息的载体是多种多样的，如语言（language）、符号（signs）、排列（arrangement）、声音（voice）、动作（action）；

（5）在交际框架之外加了外部环境，如心理气氛（psychological climate）、语境（context）、情境（situation）、时态（momentary mood）。这一点，其他模式很少提及，是罗丝的主要贡献。

4. 戴维托（Joseph A.DeVito）模式（1983）

戴维托（Joseph A.DeVito）模式（1983）比较新，概括了过去30年交际理论的研究成果。

## （二）戴维托（Joseph A.DeVito）模式（1983）在商务英语教学中的应用

在以上几种交际模式中，戴维托（Joseph A.DeVito）模式（1983）适合用于商务英语教学中。可能有人要说，商务英语也是语言教学，理所当然地可把信息论用于其教学中，但是别忘记，商务英语不但是语言教学，而且是商科专业知识教学、商务实践教学、人文素质教育教学，它是以语言为基础的，语言是工具，是进行商务活动的媒介，主要是用英语来表述商科知识的内容，具有极强的专业性。

戴维托（Joseph A.DeVito）模式（1983）能适用于商务英语教学中，主要是因为：戴维托模式是一个平面循环框架，由"讯息"把交际"双方"联系起来，形成一个交际整体。这个模式表示：交际是交流"思想、感情、信息"的过程，其效果不仅受到内部过程的影响，还受到外部环境的影响。在商务英语专业教学中，商务活动的进行受社会这个外部环境的影响，因为所有的商务活动同时都是经济活动，在经济活动中进行沟通协调，同时在戴维托模式中把编码和解码归结为performance，即"行为"，我们会注意到在performance的前面都有competence（能力），这里competence和performance是乔姆斯基在《句法结构》

中提出的概念。乔氏说的能力指语言能力，即说话人对自己语言规则的掌握程度，即驾驭语言的能力。戴维托还使用了海姆斯（Dell Hymes）的"交际能力"（communicative competence）的概念。交际能力指运用语言于交际的能力。一个人只有遣词造句的语言能力，还不能保证交际的成功。能力在前，行为在后，表示能力决定行为。

商务英语专业人才的培养规格定位为"具有较扎实的英语语言基础及较强的英语应用能力、掌握宽泛的商贸知识及一定的商务操作能力、具备较强的事业拓展能力和创业能力"。"较扎实的英语语言基础"是指"比较扎实的英语听、说、读、写、译五方面的语言能力"。"较强的英语应用能力"是指在商务活动中能熟练地运用英语进行交际，成功完成商务任务。只有掌握扎实的英语语言技能，才能使高职学生在社会上有立足之地，在涉外商务工作中有更稳、更大、更快的发展空间。"宽泛的商贸知识"是指了解诸如国际贸易、国际金融、电子商务、市场营销、国际商法等方面的一般商务理论知识和法律常识。"一定的商务操作能力"是指掌握国际商务活动中常用的实务操作能力，如进出口业务单证制作和处理能力、市场调研分析和产品推销能力、商务公关和谈判能力、商务信函处理能力等。理论知识以宽泛为目标。操作能力应着眼于商务实务，强调学生的动手能力和实践能力。这是商务英语专业学生今后工作和发展的基础和平台。

戴维托强调指出，能力不是自动转换为行为的，这就是上面所说的 encoding。decoding 是一个大脑和其他器官并用的过程，要经过互相作用、匹配和运作。

如果交际双方有共同的经验、共同的话题，交际就可以顺利地进行，这就是所谓的"共同语言"。在这种情况下为了交际顺畅、和谐，常用专业术语、行业语、缩略语。

"较强的事业拓展能力和创业能力"是指具备较强的自主学习能力、自主创新能力、信息处理能力、解决问题能力、人际交往能力、团队协作能力与敬业精神等，即可持续发展能力。现在是知识经济时代，知识、技术更新很快，提高学生的整体素质，培养学生的事业拓展能力和创新能力是保证其在飞速发展的社会中生存和发展的基础，有利于他们的职业能力进一步延伸、扩展和提升。

在国际商务谈判中，强调交际双方有共同的经验、共同的话题，强调互惠和双赢，从而避免冲突的发生。

## 二、系统论在商务英语教学中的运用

要认识商务英语教学是什么以及与其交际的关系，还必须看到商务英语教学的系统性。系统是什么？American Dictionary（1982）对system下的定义是：A group of interacting, interrelated or inter dependent elements for complex whole. 系统论的创始人贝特朗菲认为"'系统'即有相互作用的元素的综合体"。辩证唯物主义认为："我们所面对着的整个自然界形成一个体系，即各种物体相互联系的总体。"现代科学方法论，就是系统综合方法论。系统综合方法是第二次世界大战期间发展起来的科学方法论。研究事物系统性的科学就是系统论。系统论的方法简单地说来是，从综合入手，而不是从分析入手。认为一切事物都存在着"结构"，是各种因素构成的集合体，这些因素是相互联系、相互作用的；一些小的系统相互构成一个较大的系统，一些较大的系统相互联系又构成一个更大的系统。系统最显著的特征就是它的整体性。系统整体功能不是构成因素的功能的相加，而是整体大于它们的总和。系统方法把整体性原则看成是观察事物的出发点。

封闭系统是指凡是与周围环境只进行能量交换而不发生物质交换的系统；开放性系统则指与周围环境进行能量、物质、信息交换的系统。商务英语教学属于开放系统，这一点在后面的耗散结构理论在商务英语教学中的运用中我们也可以得到这个结论。商务英语教学与社会保持着密切的联系。社会发展推动商务英语教学，从前面的商务英语的发展历程中我们已经知道了这一点；商务英语教学为社会的发展培养人才。商务英语教学是国际性的，商务英语教学质量的提高离不开各国之间的国际商务交流与合作。商务英语教学与其他学科是相互联系、相互促进的。商务英语教学这个系统的运转离不开与周围环境的能量、物质、信息的交换。商务英语教学是一个可控系统，是人们根据认识构建起来的。

## （一）商务英语教学系统的运行原则

1. 整体性原则

整体性原则是系统论的核心。整体性原则要求把系统看作一个整体，系统整体不等于它的组成部分的总和，正如亚里士多德的名言："整体大于部分之和。"这个"大于部分"表现为这个系统的生命。在英语教学法的研究上，我们首先应当把教学看成是一个整体，整体是由部分组成的，如教学法、师生、教材教法、评估手段都是由教学目的决定的，也是为实现教学目的服务的。这五个组块构成一个有机的整体，反映着人们对英语教学过程认识的水平，是在总结经验基础上进行理论假设所形成的教学框架，是一个有了新质的体系。

2. 层次性原则

系统是一个多层次的概念。如果客观世界作为一个大系统，它包括许多小系统，每一个小系统又包含着很多更小的系统，层层分化，乃至无穷。贝特兰菲指出，层次结构系统的部分秩序。这就是说，我们认识一个系统总是把它当作层次系统来看待的。在这个系统之上有更大的系统，在这个系统之中有许多因素，这些因素又各自为一个系统。

我们关心的是这个层次系统的共联状态。对于商务英语教学系统，我们应当把它当作一个由多个高一级系统交叉形成的系统，至少我们可概括为教育学、商科教学、语言学。

这就是说，商务英语教学系统的构成来自三个方面，换一句话说，就是教育学、商科教学、语言学对商务英语教学起着重大的作用。商务英语教学大纲的设计、教材的编写、课程设置和教学实施都随着高一层次的变化而变化。同时，也应当看到，商务英语教学系统并不是消极地受高一层次系统的制约，它作为独立的系统又必须对高一层次系统中的因素有所权重，从而实现自身的价值。

3. 功能性原则

任何系统都有某种或某些功能。功能是系统作为一个整体对外界发生作用的过程。功能是与一定的目的联系的，是以效用、价值定向的。

结构是功能的基础。所谓结构就是系统各因素的组合方式。不同的结构就会有不同的功能。在英语教学中，所谓系统功能就是依据教学目的，创造最优的系统结构，发挥最优的功能。具体说来，就是要协调系统中诸因素的关系，即教学目的、教学原则、教师、学生、教材、评估手段等之间的联系。例如，我们是在非目的语环境下进行英语教学，在基础阶段要强调听说，要重视语音能力的训练，增加英语输入量，要大力开展国际商务交际活动等，这些都是为优化外语教学系统功能而做出的努力。

4. 动态性原则

动态性原则又称历时性原则，就是要研究系统的历史演变。任何开放系统都是相对固定的又是不断进化的，整个世界是从简单到复杂、从低级到高级、从无序到有序的动态过程。

系统的动态性原则，实际上是内因与外因的关系。系统内部各因素的关系是内因，而系统与外部环境进行物质、能量、信息交换就是外因。内因决定事物发展的可能性，外因则是这种可能性成为现实性的条件。讨论事物的系统性，首先讨论事物内部因素的关联性，但是不能不看到系统的动态性。对英语教学系统的认识离不开历时性原则。英语教学是随着社会发展而发展的。外语教学的动态性，就是看到外语教学的连续性，要综合各家各派所长，不应全盘否定过去，也不应把今天的认识视为终极真理。贝特兰菲在讨论系统的动态性时曾强调指出："不同的初始条件、不同路径，可能产生相同的最终状态、相同的目标。"事实正是如此，我们的英语教学研究正处在不同的路径中，正在朝着相同的目标前进。

## （二）商务英语教学模式的构建

1. 构建商务英语教学模式的原因

"模式"一词，现在在各个学科广泛使用，其意为：对一个系统或理论构成因素的框架式描绘。英语 model 的定义是，A tentative description of a system or theory that accounts for all of its known properties.（American Heritage Dictionary）构建模式是系统科学提出的人的主体认识客体的科学方法，即根据客体的特点，找出对其发生影响的因素，通过功能优化，设计出模式以探求其运动过程的规律。

### 2.构建模式的基本条件

（1）确立目的。构建商务英语教学模式，首先要确立目的是什么，即商务英语教学要达到什么样的水平。

（2）总结经验。即把我们对商务英语教学过程的已经获得的认识总结起来，加以概括。

（3）提出假设。根据现在的认识，提出新的认识，以求更好地实现目的。

构建模式是为了检验某种系统的功能性或理论的可行性。如果检验结果符合目标，则证明模式可行；如果检验结果远离目标，则说明模式要进一步完善。这种通过构建模式的认识方法在商务英语教学中已得到广泛运用。

## 第五节 耗散论和协同论理论观的应用

### 一、耗散论在商务英语教学中的应用

耗散论和协同论是新三论中的两论。"新三论"中的耗散结构和协同学主要强调了系统的一种无序和有序的状态、一种平衡和非平衡的状态。从哲学的角度看，矛盾是事物发展的动力，教育系统中的有序和无序、平衡和非平衡彼此矛盾，推动了商务英语教育系统的发展。

#### （一）耗散结构理论

耗散结构理论是一种关于非平衡系统的自组织理论。普利高津（I Pregogine）是耗散结构论（dissipative structural theory）的创立者。普利高津的研究带来了一种重要的观念变革。普利高津及其所创立的耗散结构理论，探讨了系统从混沌到有序的演化规律，形成了一般系统理论的有序结构稳定性的严密的理论基础，对系统研究的着眼点发生了根本性转移。按照耗散结构论的观点，一个处于非平衡态的开放系统，通过不断地从外界环境中获取物质和能量而带进"负熵流"，即与外界进行信息交流，可以从原来无序状态转变为有序状态，使系统

形成具有某种功能的新的层次结构,这种非平衡态下的有序结构就叫作耗散结构。一个开放型的耗散结构系统(如人体系统、经济系统、教学系统等)从外界环境吸收物质和能量而带进"负熵流"的功能特性称为系统的耗散性。"早期的系统研究主要在于确立对待系统的整体科学态度,在于把握系统存在的某些最一般的属性;而耗散结构理论以来的系统研究主要着眼于揭示系统演变和发展过程中所表现出的整体属性和规律,并产生了以自组织理论为标志的新的科学理论。"

1. 耗散结构理论的内涵

耗散结构是比利时布鲁塞尔学派著名的统计物理学家普里戈金,于1969年在理论物理和生物学国际会议上提出的一个概念。这是普里戈金学派20多年从事非平衡热力学和非平衡统计物理学研究的成果。耗散结构是指处在远离平衡态的复杂系统在外界能量流或物质流的维持下,通过自组织形成的一种新的有序结构。耗散结构理论是研究远离平衡态的开放系统从无序到有序的演化规律的一种理论。"耗散"一词起源于拉丁文,原意为"消散",在这里强调与外界有能量和物质交流这一特性。也就是说,耗散结构包含多基元、多组分、多层次的开放系统处于远离平衡态时在涨落的触发下从无序突变为有序而形成的一种时间、空间或时间-空间结构。

耗散结构理论创立前,世界被一分为二:其一是物理世界,这个世界是简单的、被动的、僵死的、不变的、可逆的和决定论的量的世界;另一个世界是生物界和人类社会,这个世界是复杂的、主动的、活跃的、进化的、不可逆和非决定论的质的世界。物理世界和生命世界之间存在着巨大的差异和不可逾越的鸿沟,它们是完全分离的,伴随而来的是两种科学、两种文化的对立。而耗散结构理论则在把两者重新统一起来的过程中起着重要的作用。耗散结构理论极大地丰富了哲学思想,在可逆与不可逆、对称与非对称、平衡与非平衡、有序与无序、稳定与不稳定、简单与复杂、局部与整体、决定论和非决定论等诸多哲学范畴都有其独特的贡献。

在宏观世界中,除了通常处于平衡条件下的稳定的有序结构外,还有另外一种稳定的有序结构,那就是:在远离平衡态的开放系统中,由于与外界不断地进行物质和能量的交换，有可能从"无序"走向"有序"，形成非平衡态的稳定有序结构。也就是说，如果一个系统处于封闭状态。那么，它所进行的一切活动必将造成熵增加，当"熵增加"达到某一阈值时，系统将自动走向无序，从而迫使系统成为开放系统。开放系统通过"巨涨落"可能产生突变，进而形成一种有序的稳定的结构。这是靠能量的消耗来维持自身的稳定性。这种开放系统能在一定的外界条件下，通过内部相互作用自行产生组织性和相干性（自组织现象），有时又被称为非平衡系统的自组织结构。

具体来说耗散结构实际包含两层含义：消耗或耗散、结构或有序，即为了维护这类组织，系统需要耗掉一定的能量。所谓有序，指事物内部的诸要素之间有规则的联系或转化。自然界和社会都存在两种有序现象：一种是静态有序，其所形成的结构称为平衡结构；另一种是非平衡的有序或动态有序，所形成的结构称为非平衡结构。热力学中的状态可以分为平衡态系统和非平衡态系统。一个孤立系统，开始时各个部位的热力学参量可能具有不同的值，这些参量会随时间变化，最终达到一种不变的状态或叫作定态，也就是平衡态。"孤立系统一旦达到了平衡态，它就不会自发地离开这个状态，除非外界影响强迫它这么做；而一旦有外界影响它就不再是孤立系统了。"不但孤立系统有平衡态，开放系统也可能有平衡态。研究表明：（1）状态参量不再随时间变化，即达到定态。（2）在定态系统内部，不存在物理量的宏观流动如热流、粒子流等。不具备以上任何一条件的态，都叫作非平衡态。这是孤立系统或开放系统的平衡态都有的两个重要的特征。"开放系统和孤立系统不同，它的演化依赖于系统的外部条件，孤立系统只以平衡态作为自己的发展前景。这样，开放系统的非平衡态的发展就蕴含了丰富的内容和多种可能性。"

2.耗散结构理论必须满足的条件

一个系统要处于耗散结构，即动态有序，必须满足以下几个条件：

（1）产生耗散结构的系统必须是开放系统，必定同外界进行着物质与能量的交换

开放系统是产生耗散结构的前提，它强调系统的开放性。例如，天空中的云

一定会与周围的大气和云进行物质交换并和外界进行能量交换。耗散结构之所以依赖于系统开放，是因为根据热力学第二定律，一个孤立系统的熵要随时间增大直至极大值，此时对应最无序的平衡态，也就是说孤立系统绝对不会出现耗散结构。而开放系统可以使系统从外界引入足够强的负熵流来抵消系统本身的熵产生而使系统总熵减少或不变，从而使系统进入或维持相对有序的状态。也就是说，当系统与外界隔离开来时，它与外界便没有物质交换，只产生能量交换，这时的系统叫作封闭系统。与外界既有能量交换又有物质交换的系统，叫作开放系统。系统的开放性，对于系统由低级到高级的进化、自组织及新的功能的产生起着决定的作用。普利高津认为，开放是系统向有序发展的过程，就是不断同外界进行物质、能量和信息的交换，控制系统的参量达到新的临界，使系统发生突变的过程。此外还要控制系统开放的条件，因为并不是所有的开放系统都能达到有序。

（2）耗散结构的系统都包含有大量的系统基元甚至多层次的组分

贝纳德效应中的液体包含大量分子。天空中的云包含有由水分子组成的水蒸气、液滴、水晶和空气，因而是含有多组分多层次的系统。在产生耗散结构的系统中，基元间及不同的组分和层次间还通常存在着错综复杂的相互作用，其中尤为重要的是正反馈机制和非线性作用。正反馈可以看作自我复制、自我放大的机制，是"序"产生的重要因素，而非线性可以使系统在热力学分支失稳的基础上重新稳定到耗散结构分支上。研究表明，世界上几乎所有的事情、所有的人都被裹罩在一张充满刺激、限制和相互关系的巨大的非线性大网中。其间，"一切都是相互关联的，这样的关联敏感到令人到不可思议的地步。微小的不会总是很微小。在适当的条件下，最小的不确定性可以发展到令整个系统的前景完全不可以预测即混沌，也就是系统的复杂性"。非线性大网是相互流通、相互影响的，"蝴蝶效应"就说明了这个问题。

（3）耗散结构的系统必须处于远离平衡态

要想使系统产生耗散结构，就必须通过外界的物质流和能量流驱动系统使它远离平衡至一定程度，至少使其越过非平衡的线性区，即进入非线性区耗散结构与平衡结构有本质的区别。平衡结构是一种"死"的结构，它的存在和维持不依赖于外界，而耗散结构是个"活"的结构，它只有在非平衡条件下依赖外界才能形成和维持。由于它内部不断产生熵，就要不断地从外界引入负熵流，不断进行"新陈代谢"过程，一旦这种"代谢"条件被破坏，这个结构就会"窒息而死"。耗散结构总是通过某种突变过程出现的，某种临界值的存在是伴随耗散结构现象的一大特征，耗散结构的出现是由于远离平衡的系统内部涨落被放大而诱发的。

上述条件是相互紧密联系的，根据这些条件可以把耗散结构概括为：在非平衡条件下产生的，依靠物质、能量、信息不断输入和输出条件来维持其内部非线性相互作用的有序系统。

## （二）商务英语教学的特质——耗散结构系统

### 1. 商务英语教学是开放系统

商务英语教学需要同企业相结合。理论教学和实践教学通过学校和企业订单式培养的有机结合，使学生向市场输出，以满足社会需要，满足外贸企业对商务英语人才的需求，并提升企业中员工的素质，为打造品牌企业奠定良好的人力资源基础。工学结合是商务英语教学的重要组成部分。在市场经济条件下，商务英语教学是一个由理论教学和实践教学等要素在一定目标下组成的一体化教学系统。通过工学结合，学校与企业之间实现了信息、技术、人才等资源的交流。因此，商务英语教学系统的生存和发展是在与外界不断进行资源交换的过程中实现的。

### 2. 商务英语教学是远离平衡态的系统

远离平衡态是指系统内部各个区域的物质和能量分布是极不平衡的。对开放的商务英语教学系统而言，教师的能力和水平、教学技术的差异、语言的表述、思维方式、观念的转变等，都处于远离平衡态。系统内部的差异、分化和远离平衡，使系统功能趋于复杂和完善。

### 3. 商务英语教学系统具有非线性特性

商务英语专业的上下级之间、教师之间、教师和学生之间，以及管理者管理能力、水平、专业知识、思想观念等，都存在复杂的相互作用和反馈机制，这些相互作用和反馈通常是非线性的，即不是简单叠加的。比如，商务英语教师的数量增加一倍，但是学生的实际动手操作能力和校企结合的订单式培养学生的数量不一定增加一倍。

4. 商务英语教学系统存在涨落和突变

系统从无序向有序演化是通过随机的涨落来实现的。普利高津说："在耗散结构里，亦不稳定之后出现的宏观有序是由增长最快的涨落决定的。因此，这个新型的有序可以叫作'通过涨落的有序'。"涨落在不同的条件下起着迥然不同的作用。对于近平衡区的系统在一定条件下，正是这种涨落引起了在空间中系统运动轨道的混乱，导致了无序。而对耗散结构来说，涨落却成了促使系统从不稳定的定态跃迁到一个新的稳定的有序状态的积极因素，是形成新的稳定有序结构的杠杆。普利高津说："令人惊异的是，同样的过程在接近平衡时导致结构的破坏，而远离平衡时却可能导致结构的出现。"通过涨落导致有序，是耗散结构理论的另一个重要结论。涨落通常指商务英语的理论教学和实践教学在动态有序的稳定点附近来回振荡，在宏观上保持着动态的有序性。耗散结构理论提出"涨落导致有序"的观点。它强调系统中某个微小的变化会带来大的结果性偏差，在商务英语教学中也称为"蝴蝶效应"。学校和企业相结合的订单式培养时刻存在着涨落。当涨落被放大后会出现突变，这时商务英语的理论和实践教学就有可能转换到一个新的运作状态。因此，"涨落导致有序"告诉我们系统中的任何一个元素都有可能随时发生变化，而且任一元素的微小变化都能使整个系统中的其他元素发生变化，并最终形成一个新的相对稳定状态。具体反映在商务英语教学中，管理者和教师应该重视发生在教学中的任何意外和变化，并及时采取措施，对相应问题进行整体性宏观调整，从而能够维持商务英语教学稳定发展。

### （三）耗散结构理论对商务英语教学的启示

1. 商务英语教学系统必须保持良好的开放性

开放是系统有序化的前提，是耗散结构形成、维持和发展的首要条件。根据热力学第二定律，一个孤立系统的熵自发地趋于极大，因此，不可能自发地产生新的有序结构。而对一个开放系统来说，熵（S）的变化则可以分为两部分，一部分是系统本身由于不可逆过程（如热传导、扩散、化学反应等）引起的熵的增加，即熵产生（dis），这一项永远是正的；另一部分是系统与外界交换物质和能量引起的熵流（des），这一项可正可负。整个系统熵的变化dS就是这两项之和，dS=des+dis。根据熵增加原理，dis≥0（平衡态dis=0）而des可以大于或小于零。如果des小于零，其绝对值又大于dis，则dS=des + diS<0。这表明，只要从外界流入的负熵流足够大，就可以抵消系统自身的熵产生，使系统的总熵减少，逐步从无序向新的有序方向发展，形成并维持一个低熵的非平衡态的有序结构。这样，普利高津在不违反热力学第二定律的条件下，通过引入负熵流来抵消产生，说明了开放系统可能从混沌无序状态向新的有序状态转化，从而解决了克劳修斯和达尔文的矛盾，回答了科学上这个似是而非的问题。显然，开放系统仅仅是产生耗散结构的一个必要条件而不是充分条件。如果开放系统从外界引入的是正熵流而不是负熵流，那么将只能加快系统无序化的过程，而不可能形成新的有序结构。一个良好的商务英语教学系统，必然是一个有序、开放的自组织系统，通过对外界开放、和企业合作，建立实训基地，不断地与企业相结合，聘请企业的管理者定时给学生开讲座，并派学生到企业进行顶岗实习，参加外贸活动，参与商务谈判等，这样商务英语教学就不断地与外界进行物质、能量和信息等的交换，这样商务英语教学才能具有适应环境的能力和旺盛的生命力。

2. 非平衡态是商务英语教学系统有序之源

远离平衡态是耗散结构形成的前提条件。普利高津根据最小熵产生原理指出，不仅系统在平衡态时自发趋势是趋于无序，在近平衡态线性区时的系统，即使有负熵流流入，也不能形成新的有序结构，而只能是逐步趋于平衡，导致有序性破坏。系统只有远离平衡时才具有新的规律性，才有可能形成新的有序结构。一个充满活力的商务英语教学系统，必定是一个有差异、非平衡的系统。只有远离平衡态，比如将理论教学和实践教学分开、教师的能力和水平分出档次、系统各个部分的发展区分先后等，才能形成有序结构和动态特征，才能使商务英语教学更加完善。而平衡态下的商务英语教学，其内部无序性高、竞争性弱，这种表面上的平衡，对商务英语教学的发展起到极大的阻碍作用。

3. 商务英语教学系统应成为各要素相互调节、相互作用的非线性自组织系统

普利高津说："对于形成耗散结构必需的另一个基本特性是在系统的各个元

素之间的相互作用存在着一种非线性的机制。"例如,在化学中的自催化或交叉催化反应,流体力学中存在的非线性流机制。这种相互作用使各个要素之间产生相干效应和协调动作。例如,激光器中各个发光原子的同步振荡,使无序的自然光转化为有序的激光。又如化学钟,一切分子在有规则的时间间隔内,同时改变它们的化学同一性,它们的颜色随着化学反应的节奏而变化。如果没有非线性相互作用,即没有负熵流存在,就不可能产生耗散结构。另外,由于各个要素之间的关系是非线性的,因此只能用非线性方程来描述其运动变化。非线性方程必然存在着多种解,其中有些解可能是稳定的,有的解是不稳定的,从而使系统演化发展可能出现几种不同的结果,这就产生了进化的复杂性和多样性。商务英语教学系统要从无序向有序发展并使系统重新稳定到新的平衡状态,就必须通过理论教学和实践教学内部构成要素间非线性、立体网络式的相互作用,来达到一个小的输入就能产生巨大的良性效果的非线性因果关系。这样才可能使系统具有自我放大机制,重新组织自己,形成功能更加完善的耗散有序结构。相反,如果只具有线性作用,要素间的作用只能是线性叠加,很难达到新的有序。

商务英语教师应善于把商务英语教学系统中各要素的涨落引向有序。商务英语教学系统中的各要素时刻处于涨落或起伏的动态变化中,从而启动非线性的相互作用,使系统发生质的变化,跃迁到一个新的稳定有序状态,形成耗散结构。因此,涨落是一种启动力,可以导致有序,但也可能将商务英语教学带入新的混乱状态。它强调系统中某个微小变化,可能会带来大的结果性偏差。比如,商务英语教学对学生敏感性强的专业知识仅做一个简单的介绍就有可能使大量学生转而去单纯地学习语言而忽视了商务知识的专业化,造成学生商务知识的匮乏;对学生敏感性强的实用的专业知识做一个改进,就能把学生的思维转变过来。这就要求商务英语教师应具备把握全局的能力,具有敏锐的洞察力,善于把握商务英语教学的实质,通过调整课程内容,做到理论与实践的相互结合,建立良好的"工学结合"的模式,使涨落引发的非线性相关作用向着有利于形成功能更加完善的耗散有序结构方向演化发展,推动商务英语教学系统自组织功能不断得到完善。

在自然界中,任何一个事物都可以看作一个系统,系统的思想普遍存在于我们的日常生活中,因此我们把每个所要研究的问题或对象都可以看成一个系统,商务英语教学也不例外，从而用综合分析的思维方式去看待它，根据其内在的、本质的、必然的联系，从整体的角度进行分析和研究，达到我们预期想要的结果。因此我们说商务英语学习理论符合耗散结构理论，因为商务英语教学具有耗散结构系统的特点。

## 二、协同论在商务英语教学中的应用

### （一）关于协同论

协同论由杰出的西德理论物理学家哈肯（Hermann Haken）教授于 20 世纪 70 年代提出，是一种应用广泛的现代系统理论，在自然科学与社会科学之间架起了一座桥。协同论继耗散结构论之后进一步指出，一个系统从无序向有序转化的关键并不在于其是否处于平衡状态，也不在于偏离平衡有多远，而在于开放系统内各子系统之间的非线性相干作用。这种非线性相干作用将引起物质、能量等资源信息在各部分的重新搭配，即产生涨落现象，从而改变系统的内部结构及各要素间的相互依存关系。一个由大量子系统组成的复杂系统，在一定的条件下，它的子系统之间通过非线性相干作用就能产生协同现象和相干效应，该系统在宏观上就能形成具有一定功能的自组织结构，出现新的时空有序状态。

"协同"一词来源于古希腊语，其含义尚无权威解释。汉语词典中的解释是"相互配合"；协同学的创立者德国著名物理学家赫尔曼·哈肯在其著作的前言中称"协同学即协调合作之学"。这里所讲的"协同"即以协同学理论为指导，取其"协调合作"之意，目标是优化商务英语课堂教学系统。"协同学是从系统演化的角度研究开放系统在外部一定条件的作用下，其内部诸要素、诸层面和诸子系统之间，如何通过非线性相互作用而形成协同效应，自组织成为一个协同系统的内部机制和规律的科学。"系统内部要素之间通过相互依存、相互作用、相互影响和相互协调形成协同效应，是整个系统协同的保证。

### （二）协同论与商务英语教学之间的关系

教学是一个由教师、学生、教学目标、教学信息和教学媒体等诸要素组成的开放系统，教学目标起着支配教学活动的序参量作用。教学系统中各部分的协调性、同步性、竞争性和协同作用及系统与环境之间的相互作用是实现教学过程有序的条件。由于教学系统与教学环境相互作用中存在着耗散结构，必定伴随着涨落现象，所以教学系统内部的协同作用和涨落现象必然导致系统宏观有序。

商务英语教学是一个开放的复杂系统，经济全球化和人才需求广博化对人才培养规格及商务英语教育发展提出了新的要求，以教师、学生和教学内容为基本元素的课堂教学系统内部诸要素、诸层面的许多关系需要重新梳理，只有通过这些关系的相互联系、相互作用和相互协调，即协同，才能实现商务英语课堂教学系统的有序运行。

在教学过程中，教学系统内部各要素之间在宏观上经常不断地发生变化，系统的微观状态在一段时间内也会因各状态参量的变化和相干作用出现波动，从而涨落就不可避免地发生了。涨落使得系统功能发生变化，使整个系统结构失去稳定性。但经过一段时间演化，由于系统内各要素之间相互作用的机制发生变化，教学空间中的快、慢参量因相互制约而相对稳定地协同运动，又有可能达到一新的稳定状态。从稳定到不稳定，从有序到无序，又从不稳定到稳定，从无序到有序，周而复始，螺旋式地沿着预定的目标态发展是教学系统演化或运转的必然方式。

## （三）商务英语教学系统内部各个要素之间的关系

系统的整体功能是由各个要素的性质、功能及各要素间相互作用的方式决定的，教学系统的运行与各个子系统的运行及它们之间"匹配"与否直接相关，按照协同学的观点，为增大教学系统的功效，提高教学质量和效率，必须十分重视教学系统各个要素之间的联系，教师与学生要有明确一致的教学目标，教学各方必须加强配合、协同合作，通力促使教学系统和谐、健康地向前发展。贺继红与吕鸿雁在《论大学课堂教学的协同》中所说的英语教学过程应该遵循的七方面的协同，同样适用于商务英语教学。

1. 教师与学生的协同

关于教师"教"与学生"学"的关系讨论由来已久。传统教学理念认为，教学过程主要是教师教的过程；现代教学理念认为，教学过程是教师主导与学生主体相统一的活动过程；后现代教学理念认为，教学过程主要是学生主动学习和构建的过程。商务英语课堂教学中的教与学的关系，"既不是'学'围绕着'教'或'教'围绕着'学'的类似天体运行中行星和卫星的关系，也不是'一方面'与'另一方面'的平面构成关系"，二者是相互依存、相互作用、相互协调并共同提高的协同关系。商务英语课堂不仅是培养学生的场所，也是教师成长和发展的基地，是师生共同发展的"孵化器"。这种协同关系能够实现课堂教学在更高层次上的回归，教学过程不再是简单的知识传授，而是师生之间通过意见、思想、情感的交流与分享，完成教师知识结构与学生知识结构的逐步变换并相互提升的过程。因此，商务英语课堂教学中教师和学生不再是支配和被支配、控制和被控制的关系，而是在双方敞开自我、接纳对方、互相配合、共同参与的教学交往中，达到发现新知、培养能力、增进情感、砥砺意志、完善品性的完美协同。要达到教与学的协同，师生"各自以自己的视角和经验，用自己独特的表达方式，通过心灵的沟通、思想的碰撞、意见的交换，实现知识的共有与个性的全面发展"。同时有选择地实施"主体换位"。当某些教学内容与学生的生活较为贴近或学生就某一内容进行系统汇报时，学生以"演"的角色走上讲台，教师则以"导"的角色走下讲台，教师和学生通过换位思考及相互体认，逐步实现教师和学生的心理共融和交汇。

2. 知识与能力的协同

知识是前人智慧的结晶，是课堂教学中师生交往的载体和基础；能力是解决实际问题的技巧和水平，是需要经过反复训练才能获得的。一个人要立足社会，必须同时拥有知识和能力，没有能力的知识是"海市蜃楼"，虽然美好但虚幻；没有知识的能力是"空中楼阁"，虽然实在但缺乏根基。因此，在商务英语课堂教学中，传授知识与培养能力相辅相成、缺一不可。"科学与知识的增长永远始于问题，终于问题——越来越深化的问题，越来越能启发大量新问题的问题。""问题"应该贯穿于商务英语课堂教学的始终，在"提出问题—思考问题—讨论问题—解决问题—提出新问题"的循环教学过程中，学生通过对问题的分析与比较、判断与推理、归纳与综合，获得处理问题所需的关于各种因素、矛盾和关系的知识和经验，在多次对不同问题分析和解决的过程中，逐步提升能力。以问题为核心的探究式教学有助于培养学生的相关能力，实现商务英语课堂教学"传授知识与培养能力"的协同。实施探究式教学要注意问题情境的设计，应该既有利于唤起学生探究的愿望和热情，又能激发学生积极思维和开展探究行为。问题情境应具有五个特性：一是典型性，只有典型问题情境才能获得举一反三的效果。二是挑战性，这样能够激发学生对问题的兴趣，并主动以全新的视角思考问题、分析问题和解决问题。三是灵活性，即问题的"答案"不是绝对的和唯一的，这一点在社会科学类课程教学中尤为重要，因为只有相对不固定的答案才能引导学生发散思维，从多种角度体认社会的复杂性和多变性。四是相关性，即设计的问题情境不仅与学生已有知识或经验及现实的学习生活相关，而且要和学生的未来发展需求和意愿直接相关。只有这样，才能保持学生对问题的足够热情和解决问题的愿望。五是渐进性，即设计的问题情境应该由浅入深，开始就设计高深的问题情境往往会使学生无所适从，达不到通过探究掌握知识、提升能力的目的。

3. 内容与形式的协同

教学内容是通过课堂教学让学生了解和掌握的知识，每节课都会有不同的内容；教学形式是依据教学内容所采用的教学方式和方法。有学者把与人交流取得信任的三个必备条件与火箭作一类比：发言内容只占7%，就像火箭头一样，虽然最小却最有价值；口头表达和视觉感受分别占38%和55%，就像火箭的助推器，没有助推器的推动，火箭头的价值就无从实现。在商务英语课堂教学中，教学内容和教学形式就像火箭头和助推器的关系一样，是相互适应、相互配合和相互促进的关系。重视"内容"忽略"形式"的教学缺乏活力和吸引力，过分强调"形式"忽视"内容"的教学缺乏内涵，只有两者在适应和配合中协同才能实现教学目标。后现代教学理念主张"教无定法"，因地制宜地采取灵活多变的教学方式和方法。"教无定法"就是实现教学内容和教学形式的协同，其协同应体现在两个方面：一是不同的教学内容采取不同的教学形式，较为浅显或可以让学生直接接受的教学内容，应该采取传授式的教学方法，可以通过经典案例等增强授课的趣味性；需要学生深入思考的教学内容，则应采取探究式教学方法。传授式教学和探究式教学"在知识获得方式、心理机制、思维过程、师生作用等方面都存在着明显的差异，正是这种差异决定了它们之间相互制约、相互促进和互相补充"地配合不同的教学内容，才能实现教学内容与教学形式的协同。这种内容与形式的协同虽然有"设计"的成分，但并不是绝对"教条"的标准化和程序化。二是同一教学内容采取不同的教学形式。商务英语课堂教学本身的复杂性决定了其动态生成性，再好的教学设计也要因时、因人、因环境和问题的变化而进行相应的调整和变通。因此，在商务英语课堂教学中，应依据不同的教学内容努力达成不同教学方式之间的整合、平衡和最佳结合状态，根据教学的实际需要和学生学习方式的多样化、差异性和选择性等特点，采取灵活多变的教学方式和方法，真正实现内容与形式的协同。

4.个体与团体的协同

在商务英语课堂教学中，要重视每个学生获得知识并发展能力的个体学习，更应重视并提倡教学主体之间的相互作用、相互交流、相互沟通、相互理解的团体学习。首先，团体学习是探究知识、提升能力的保证。"在课堂上，学生之间的关系比任何其他因素对学生的成绩、社会化和发展的影响都更为强有力。"由于学生个体在认知基础、认知结构、思维方式、学习方式等方面的差异，使得学生的不同观点、见解、方法与分工方式在解决问题或完成任务过程中，表现出相互沟通和融合的互补性。正是这种互补性，使得团体学习不仅可以"为新的观点和新的看法的出现提供最好的条件，为每个成员探究精神的发展提供契机"，还可以通过"他们彼此之间经常在学习过程中进行沟通交流，分享各种学习资源，共同完成一定的学习任务，因而在成员之间形成相互影响、相互促进的人际关系"，从而培养学生的合作意识和协作能力。当学生在一起合作融洽、学习效果明显时，就会感受到学习和成长的快乐，取得良好的教学效果。其次，有效的团体学习同样离不开学生个体的独立学习。离开学生的独立学习和深入思考，相互间的交流和讨论就不可能有深度，不可能有真正的互动和启示，既不能对小组内的不同见解、观点提出真正意义上的赞同或反对，也无法做到吸取有效的成分，修正、充实自我观点，从而影响团体学习的效果。可见，商务英语课堂教学中，只有个体和团体的有效协同才能真正实现"掌握知识、开阔视野、锻炼能力、提高素质"的教学目标。为此，可以采取多种措施促进团体学习。

一是指导学生建立多个学习小组，为合作学习提供组织保证。每个小组的人数以成员之间充分沟通为宜。

二是激励学生个体之间及小组成员之间的"私下"交流，形成具有代表性或创新性的观点后，再拿到教学班级上讨论，可以有效地利用课堂宝贵时间。

三是在学生成绩的评定中加入学生合作表现的考查，具体可以采取小组长评价和同学之间互评相结合的方式。这部分考查结果以一定的权重连同教师对学生的考查结果一并记入每个学生的考核成绩。

5. 过程与结果的协同

"教育的过程不是可有可无的，不关注教育的过程而仅仅关注教育的结果，必然导致教育过程丰富性和价值性的缺失。"同样的道理，教学过程与教学结果是大学课堂教学中不可分割的两个环节，两者是相互依存、相互作用、相互影响的关系。首先，教学过程决定教学结果。如果学生不经过一系列的质疑、判断、比较、分析和综合等认识活动过程，就没有多样化的思维过程和认知方式，也就无从达到提升能力的结果；如果没有多种观点的碰撞、论争和比较的过程，就难以达到真正理解和消化知识的结果。商务英语课堂教学必须重视教学过程，只有丰富多彩、生动活泼的课堂教学过程，才能引导学生在探本求源中增长知识、获得智慧、提高能力。其次，教学结果又反过来影响教学过程。当学生领略到课堂教学过程的生动、具体、丰富和开放带来的魅力时，他们就会以更大的热情和主动性投入课堂教学过程，进而取得更好的课堂教学结果，从而形成教学过程与教学结果的良性循环。可见，要实现教学过程与教学结果的协同，必须对教学过程予以足够的关注，不仅需要教师通过探究式教学以强化课堂教学过程，同样要求学生积极参与教学过程，引导学生重视分析问题、解决问题和探索真理的教学过程。首先，改革课程考核办法，变教师单方面的"一次考试"考核为"考试、出勤、课堂状态及合作表现等"的多元考核。教师可以根据课程性质的不同，赋予各考察因素不同的权重，并根据学生各方面的表现及考试成绩综合评定学生成绩。考试、课堂状态由教师负责考核，合作表现由学生考核，出勤可根据实际情况由教师或学生负责人考核。这种多元考核可以把学生的注意力最大限度地引向课堂，达到丰富教学过程的目的，完善课堂教学评价指标体系，增加教师课堂教学方法多样性和灵活性评价的指标，或加大这些指标的权重，引导教师重视课堂教学过程，注重教学方法的研究和实践。

6. 理论与实践的协同

"生活世界是科学世界的基础和来源，科学世界依托并服务于生活世界，两者关系的本质是实践与理论的关系。课堂教学的关键在于根据科学世界的自身逻辑和学生的心理发展规律，科学利用生活世界的教育资源，努力达成科学世界与生活世界的融通和整合。"商务英语课堂教学离不开理论，理论的内容和体系结构分别构筑了课堂教学的灵魂和骨架，离开理论的课堂教学不能使"学生站在巨人的肩膀上"探究；商务英语课堂教学同样需要实践，实践既是学生"体验"的基地，也是理论"回归"的沃土，离开实践的课堂教学是"纸上谈兵"。理论与实践是互相依存、互相补充和互相促进的协同关系，必须在理论教学中融入实践内容，为学生的跟班实习和顶岗实习打下坚实基础。商务英语课堂教学中，理论与实践的协同主要体现在两方面：一方面是通过实践来验证和理解所学理论；另一方面是应用理论探索解决实际问题的方法和模式。实现两者协同可以采取多种方法：一是以案例"模拟"实践，进而理解理论；二是深入现场实践，达到理解理论或运用理论解决实际问题的目的。

7. 教书与育人的协同

"教学的基本价值、先在性的价值追求应是实践理性，是人的伦理美德。具体来说，它包括合作、进取、坚强、责任、理想、价值观、人生观等，这些应是传授知识过程中高于知识传授的教学价值。"在商务英语课堂教学中，必须把教书与育人有机协同起来，通过教书来育人，通过育人达到教书的目的。为此，需要把育人工作渗透到商务英语课堂教学的所有环节。首先，任何知识都包含社会道德、社会理想、人生观等背景，教师应注意挖掘教学内容的育人因素，并适时进行学生的人生观、价值观教育。其次，注意观察学生的行为，对学生在课堂中的良好言行给予及时鼓励和支持，而对不好的言行，要在不伤害学生感情和自尊的情况下适时地给予提醒。最后，教师的一言一行、处事方式、人生态度都对学生产生潜移默化的影响。教师应以高尚的情操、宽广的胸怀、实事求是的作风踏实工作，勇于创新，为学生做出表率。同时以巨大的热情鼓舞学生，促使学生形成积极、进取的人生态度，严谨的探求精神，客观、全面的自我评价观念，师生间形成良好的人格互动，实现教书与育人的协同。

8.学校与企业的协同

商务英语是一门实践性很强的专业，无论是学生的跨文化沟通能力、商务写作能力、业务流程操作能力还是计算机应用能力等都需要学生在积累了一定的理论知识后具体在企业里即职场上进行应用和实践，这需要企业与学校的协同，只有这样才能最终实现人才培养目标。

学校的作用如下：一是打开经验世界。一个人必须把自己的经验，拿来不断与他人的经验相互印证，视野才能广阔，判断才能周延，思路才会清晰，人的内在世界才能充分发展。学校的作用就是要为学生打开经验的世界，让学生的经验与别人的经验相联结，从中了解自己在世界中的位置，由此来反观自己，了解自己。二是发展抽象能力。所谓抽象指的是把事物的部分性质抽离出来，赋予这性质以一种"概念"。概念是摸不到、看不到的东西。人只能通过抽象才能把世界缤纷凌乱的各种现象、各种经验，加以梳理，从中洞悉世界的普遍性，而与世界真正联结。而要发展人的抽象能力，就必须通过学校进行系统的学习。人若不系统地学习，抽象能力便不易深入发展，而抽象却是人类文明的重要特征。学校的优势在于能够有目的地、系统地培养学生的抽象能力。三是给学生留白。留更多的时间与空间，让学生去创造、去互动、去冥思、去幻想、去尝试错误、去表达自己、去做各种创作。

企业是培养学生进行实践教学最好的场所，是以培养学生综合职业能力为主的教学方式实施的重要途径，是实现职业教育培养目标的关键教学环节，它与理论教学相辅相成。就商务英语专业而言，探索实践教学创新之路，是专业建设的切入点和突破口，是为了克服该专业普遍存在的实践教学目标不明确、实训项目不具体、专业核心技能训练不突出、实训方法和实训手段单一、学生实际操作技能不强且难以量化考核等方面的局限性。

学生到正常运作的企业里实习，实训的内容也是学生今后工作的内容。在真实环境下进行认知实践和顶岗实习，不仅能培养学生语言和商务的实际应用能力，而且能使学生经过企业相关人士的言传身教，加强职业综合素质的培养。另外，企业（校外实践基地）在学生毕业实习和设计中起到良好的作用，学生毕业设计可以结合基地企业的工作实际来选题，通过专业教师和基地企业业务骨干联合指导来完成学生毕业实习和毕业论文。校外实训基地充分利用企业资源和环境，有力地促进了就业与岗位零距离目标的实现。

对顶岗实习的学生来说，企业为学生搭建平台，融合语言学习、商务知识、商务技能培养，有效衔接商务知识学习和商务技能训练，促进各项技能协调发展，对培养商务英语应用型人才至关重要。让学生能够胜任所在实习岗位的工作，能独当一面，对学生所学的理论知识和实际动手能力锻炼起到很大作用，发挥理论指导实践的作用，为学生将来在企业里工作打下坚实基础。使学生在四年学习过程中系统地接受到职业岗位素质训练，在走向社会后可较快适应从学生到职业人的转变。同时使其在毕业时理论知识达到一定的高度，同时又具有符合企业要求的实际动手能力，适应社会企业对技术人才的需求。因此，在商务英语教学中，企业与学校的协同也是协同论在商务英语教学中的具体体现。

## 第六节　需求分析理论观的应用

### 一、需求分析理论概述

ESP（English for specific purpose）的教学主张形成于 20 世纪 60 年代，其教学理论和实践在许多国家已经普及并逐渐发展成为一个范围宽广、形式多样的教学领域。

ESP 教学是一个多元的教学理念，Hutchinson 与 Waters 认为，ESP 教学首先

## 第二章　商务英语教学的理论应用

是一种以特定目标为导向（goal-oriented）的英语教学与学习途径（approach）；其次，ESP教学必须建立在需求分析（needs analysis）的基础上，包括目标需求（target needs）分析和学习需求（learning needs）分析。

ESP的发展经历了语域分析、修辞或语篇分析、目标情景分析、语言技能与学习策略分析和以学习为中心五个阶段。前四个阶段的共同点是探讨语言的运用，其中前三个阶段谈到语言的层结构特点，第四个阶段探讨使用语言的过程，第五个阶段是把对语言的运用和语言的学习有机结合起来，既注意社会对外语人才的知识和技能的要求，又注意学生的学习要求。

需求分析最早出现在ESP教学发展的第三阶段——目标情景阶段（Target Situation Analysis）。在这个阶段，ESP课程的设计首先放在对学习者目标环境的分析上，将语言分析与学习者的学习目的紧密联系在一起，以满足不同学习者的不同需要。至第五阶段即以学习为中心阶段，需求分析在ESP教学中的作用已经无可替代，需求分析成为ESP的基石，使ESP教学内容变得紧凑、紧扣重点。

国外的许多专家就该理论从不同的角度提出了不同的观点。综合起来比较一致的看法是：仔细全面的需求分析应该包括"目前情景分析"（present situation analysis）和"目标情景分析"（target situation analysis）。（Robinson，1991）目前情景即指学习者开始ESP课程学习前，原有的语言程度和对下一阶段学习的要求和期待，它包括学习者目前的外语水平、专业知识、学习动机、以前的学习方式，等等。目标情景是指学习者未来工作的环境对学习者的要求及学习者对待这种需求所持的态度。Bloor（1984）把前者称作以学习者为中心的需求分析（learner-centred analysis），而把后者称为以目标情景为核心的需求分析（target-centred analysis）。

国内学者束定芳对它的分类则更为宏观。她将"需求"分成社会需求和个人需求两类。其中社会需求有两种，一是政府的外交或其他政治目的的需求，二是社会机构，如公司、学校和其他用人单位的需求。个人需求包括主观需求和客观需求，客观需求指学生目前的外语水平、年龄、教育背景、学习经历等；主观需求指学生对课程的期望、学习目标、学习安排和希望采用的教学方法等。

## 二、需求分析理论观在商务英语教学中的应用

### （一）需求分析视域下高职商务英语课程体系模型的构建

根据需求分析理论，商务英语的课程体系研究符合需求关系发展，通过社会需求、学校需求和学生需求分析，把商务英语教学研究切实用到实处。

商务英语与某种特定职业、学科或目的相关，内容专门化，是人们从事国际商务活动时所使用的以英语为载体、以商务知识为核心的一种专门用途英语，它的应用性特征日益明显，已经与职业、学业和就业等相关的多种需求联系起来。学习者学习商务英语表现出了极强的目的性。为了培养出适应市场经济发展的商务英语高级复合型应用人才，商务英语应把需求分析理论作为指导，贯穿整个专业建设过程，使教学具有针对性，满足目标需求和学生学习需求。通过切实应用需求分析理论，提高商务英语教学，从社会需求、学校需求及学习者需求出发来研究高职商务英语教学体系模型的构建，以此来提升学习者确定、学习和掌握他们所需要的从事国际商务活动时的沟通技能和协调技能。

1. 商务英语教学的现状

目前，全国很多高校虽然都开设了商务英语专业，但是商务英语的属性或学科定位一直没有明确。在 Holliday 与他人合著的 *The Linguistic Sciences and Language Teaching* 一书中，从对专门用途英语的定义中可以得出商务英语属于专门用途英语的结论。Hutchinson&Waters 也认为商务英语是专门用途英语的一个分支，要求教师在教学上不但要注重语言基本功与语言运用实践能力的培养，而且要注重商务知识的传授，提高学生在英语文化背景下的商务知识应用能力和协调沟通能力。

根据调查，社会上需要能用语言进行国际交流又懂得商务的复合型人才。作为专门用途英语的商务英语有五个特点：第一，课程设置一定要满足学生在职场进行商务活动的某种特殊需要；第二，课程内容一定要和某些商务学科、职业和商务活动有关，满足用人单位需求；第三，教师一定是"复合型"的，除必须具备语言

知识和能力外,还要有广博的文化背景知识和商科领域知识,满足学校教学需求;第四,商务英语教学侧重点应该放在适用于商务特定场合的某种语言使用,满足学生自身学习需要;第五,商务英语一定要和一般普通英语形成鲜明对照。

商务英语的课程体系建设经历了从简单增加相关商务专业知识的课程到选用以英语语言为媒介、以商务知识为主要内容的教材作为主要课程的过程,在这方面进行的理论和实践探索仍需继续,目前的高职商务英语教学主要存在以下几个方面的问题:

(1)专业定位与市场需求脱节

现有的商务英语教学模式大学英语化,考试方法古老单一,不能从多方面考查学生的综合能力和素质,不能进行全面的体系评价。专业大多设置较多的语言基础课程,课程构建缺乏专业特点,不能体现商务英语跨专业、跨学科的特点,关联课程设置被忽略。这种课程设置是缺乏商务背景的纯语言性课程,商务知识缺乏,没有将语言知识、商务知识和技能融合在一起,使学生在专业和应用技能方面的知识捉襟见肘,不利于学生形成综合职业能力,不利于学生特殊用途英语水平的提高,不能满足学生在职场进行商务活动的某种特殊需要,知识结构与社会需求严重脱节。

(2)培养目标定位与市场需求脱节

现有的商务英语培养目标在知识与能力关系的定位上主要存在以下两种倾向:一是沿袭普通高等教育以学科体系为中心来定位,把高职学生培养成"本科压缩型"人才;二是效仿技工类学校的做法,过分强调现行岗位操作技能的实际需要,把高职学生培养成"岗位技能型"人才。前者只注重理论教学,不能凸显职业性;后者只注重实践教学,只注重职业教育,忽略了高校教育首先是高等教育的一个部分。这两种倾向的人才培养类型与社会需求严重脱节。

(3)培养模式与市场需求脱节

目前商务英语人才培养模式主要有两种类型,第一种以商务专业型为主,第二种以英语专业型为主。这两种培养模式不能正确处理知识、能力和素质之间的关系,结果前者导致了商务英语专业变成了国际贸易专业,只注重国际贸易知识或技能的培养，忽略了语言交际能力的培养；后者注重英语语言培养，忽略了英语作为商务交际工具的功能，忽略了专业知识的培养和学习，把商务英语专业变成了英语翻译或英语语言专业。这两种类型培养出来的商务英语人才与市场需求脱节。

（4）教学方法与学生的需求脱节

商务英语是专门用途英语，教学要紧紧围绕培养学生英语语言实际运用能力，以服务社会、促进经济发展为目的，重点在于培养学生的自主学习能力和团结协作意识。现有教学方法陈旧、大学英语化，语法翻译法和听说法等还在沿用，不能增强商务岗位知识运用技能和综合技能，不能满足学生的需求。

（5）师资水平与学校需求脱节

商务英语是专门用途英语，要求教学者不仅要对基础英语有扎实的基本功，还要对商务英语专业中所涵盖的学科有一个较全面深刻的了解。高等院校的商务英语教师除具备必要的语言能力，还要具备商务理论研究能力和较强的专业实践能力。但现有的专业教师组织结构差，绝大多数教师来源于大学英语，没有学过商务知识，对专业内涵理解不到位，缺失必备的商务背景，情景因素差，缺少在社会生产实践工作岗位中应用外语的经验，即"复合型"素质差，没有实现师资队伍整体功能的优化，师资水平与学校教学需求脱节，不能满足学校教学的需求。

2.需求分析模式的理论依据

（1）对需求和需求分析的理解

①经济学角度的需求分析

供给和需求本是经济学领域中的术语，是供需均衡的两个方面。经济学中的产品生产是指厂商生产加工产品行为；产品需求是指满足消费者的欲望，即消费者的意愿行为。生产厂商为市场提供产品可以实现两个目的：一是满足市场即消费者需求，二是获取自身利益的满足，即赚取利润。消费者购买市场中的产品，是为了满足自身的需求。生产者行为存在的意义是：供给和需求实现了均衡，也就是在市场中存在需求并且需求得到满足。确立正确的商务英语教学目标，构建商务英语课程体系，建立以社会需求即市场需求为导向的人才培养模式和教学效果评价体系，把对市场的需求即社会的需求体现在商务英语教学中。

②专门用途英语视角的需求分析

"需求"是因为需要而产生的要求。国外一些专家认为，需求分析是紧紧围绕需求而展开的一系列活动与行为。他们从社会用人单位需求和学生个人需求等角度下了定义。首先，Mountford 在 1981 年把需求定义为用人单位期望学生通过语言项目培训所达到的目的（社会需求）；其次，Brookfield 在 1988 年把需求定义为规定的需求，它指教育者把别人的学习经历作为依据而设定的需求，也就是规定学习者必须达到的目标（学校需求）；最后，需求是指学习者本人的需求，这种需求包括 Brindley 在 1989 年和 Robinson 在 1991 年提出的主观需求与客观需求、目标需求和学习需求。主观需求是指学习者在语言学习中的认知需求、学习动机需求和情感态度需求，客观需求指学习者目前的英语水平、专业知识水平、语言学习中遇到的困难和以前的学习方式等。目标需求指学习者现有语言水平、专业知识水平与目标水平之间的差距和学习者自己希望学习的内容等在将来目标场合使用语言的需求。学习需求还可被定义为"过程定位"需求，即学习者还要经历一个从起点到终点的学习过程，也就是学习者在学习过程中所需要的条件和需要做的事情，以便达到学习目标需求。

（2）需求分析模式的理论依据

需求分析就是根据"需求"的内容，收集有关信息，测量学生"现有的语言和专业水平"与"期望达到目标水平"之间的差距，学生与社会、学生与教师及学生与学校之间的差距，分析原有的语言程度、专业知识掌握的程度和对下一阶段学习的要求和期待，找出学生现有的语言能力和某一专业知识水平与他们所期望达到程度之间的差距。根据以上调研数据的综合分析，为高职商务英语课程体系的构建提供客观依据，以理论来推动商务英语课堂教学实践的发展，这是需求分析模式构建的理论依据。

3.商务英语课程体系构建中需求分析的重要性

（1）需求分析的手段和作用

需求分析的手段是指通过访谈、观察、内省和问卷等研究需求的技术和方法。需求分析是商务英语教学领域中课程设计和实施的必备步骤，其作用主要包括以下几方面：

①商务英语教育政策的依据；

②设置商务英语课程的依据；

③商务英语课程设置的内容、设计和实施的依据；

④商务英语教学目的和教学方法确定的依据；

⑤商务英语课程设置检查和评估的依据。

（2）商务英语课程体系构建中需求分析的重要性

商务英语教学中的一个重要环节就是课程体系的构建。商务英语人才的多元化需求，向课程体系的构建及课程设置问题提出了新的挑战。关于课程设置，Hutchinson 和 Waters 在 1993 年提出：" 设置一门课程从根本上来说是提出一系列的问题，以便为以后的大纲设计、教材编写、课堂教学与评估提供一个理论基础。"商务英语教学的功能在于使学生通过商务英语的学习和实践获得从事各种商务活动的知识，寻求语言能力的培养和商务英语知识学习的最佳结合点，将语言知识、交际技能、文化背景知识和商务知识融于一体。为了将商务知识的传授和技能的培养融入商务英语教学，为了使商务英语教学能真正提高学生商务英语能力，必须从"需求"出发，用需求分析理论来指导我们的课程设置。"课程设置就是在需求分析的基础上确定课程教学目标。"只有在需求分析基础上的商务英语课程体系的构建才能成为有效的教学项目。

## （二）需求分析视域下商务英语专业学生核心能力培育模型的构建

1. 通过需求分析理论构建商务英语专业学生核心能力培育模型的必要性

通过需求分析理论深入探究高校商务英语专业学生核心能力的培养现状，旨在构建商务英语学生核心能力培育模型，从而为培养 21 世纪国际商务通用人才核心能力提出切实有效的培养途径和评价体系。

2. 国外与国内需求分析理论在学生核心能力培育方面的应用情况

核心能力不是一个能直接衡量的特征变量，评价核心能力必须先构建一定的模型，根据模型来进行指标体系选择。核心能力（就业竞争力）评价的基本模型当属世界经济论坛（WEF）和瑞士洛桑国际管理发展学院（IMD）于1980年创立的国际竞争力评价体系（WPY）。

在国外，需求分析理论广泛应用于教学和学生核心能力（就业竞争力）培育中，国外对提高学生核心能力的研究非常重视。目前大家相对比较认可的是Hutchinson和Waters提出的"需求"概念，他们把需求分为目标需求（target needs）和学习需求（learning needs）。目标需求是指未来工作情景要求学习者所必须学会的知识和技能，而学习需求是指学习者为了学会所需的知识和技能而需要做的一切。同时，他们把目标需求细分为必学知识、欠缺知识与想学知识，把学习需求细分为学习条件、学习者知识、学习者技能和学习者动机等。为提高学生的核心能力，各国高校的商务英语专业特别注意从多个角度去训练学生并利用美国运筹学家A.L.Seaty教授在20世纪70年代提出的一种定量和定性相结合的系统分析方法。

商务英语专业学生核心能力的培育就是就业竞争力的培育。根据需求分析理论，商务英语专业学生核心能力的培育研究符合需求关系发展，通过社会需求、学校需求和学生需求的调查分析，把学生的核心能力培育研究切实用到实处。我们从需求分析角度出发，充分利用实证分析法、"AHP"法和"SWOT"分析法，就目前商务英语专业学生核心能力培育的现状、需求和需求分析、确定衡量核心能力培育的指标、分析评价商务英语专业学生的核心能力、研究弥补核心能力缺欠的方法手段，确定可以提升核心能力培育的组成因素，并构建商务英语专业学生核心能力培育模型。

3. 商务英语专业学生核心能力培育模型构建的内容

（1）确定衡量核心能力培育的指标

根据需求分析理论，借鉴国外对高等院校办学水平评估的指标体系，确定10个指标来衡量学生核心能力（就业竞争力）的高低，包括"四力""五率""一水平"。"四力"指工作力、适应力、求职力、自信力；"五率"指就业率、对口率、稳定率、晋升率、企业满意率；"一水平"指收入水平。此评价指标重在评价高校商务英语专业学生核心能力的实际效果，以社会评价和学生评价为主，并用具体的数字加以衡量。

（2）分析评价商务英语专业学生的核心能力

首先通过需求分析理论中的访谈、观察、内省和问卷等研究需求的技术和方法进行数据收集和整理，并利用实证分析法、层次分析法（AHP法）和"SWOT"分析法对商务英语专业学生的核心能力组成因素进行分析评价，确定可以加以提升的核心能力组成因素，并根据各个指标的数值及其权值，对所研究的问题做出综合评价。

（3）研究弥补核心能力欠缺的方法和手段

在调查数据的基础上，通过需求分析手段，巩固本专业学生核心能力中的优势，进行正确的专业定位、培养目标定位和培养模式定位，改变大学英语式的方法，采用先进的准工作环境法（情境模拟法）、认知法、典型案例分析法、实地考察法等；通过开设职业指导课和技能资格证书课，以职业能力为本位设计教学环节，以需求分析（社会需求、学校需求、学生需求）理论为基础构建商务英语课程体系；提升教师专业知识水平，鼓励教师参加各种专业知识（商科知识）的学习和培训，提升专业教师的商务理论研究能力和较强的专业实践能力，提升教师专业教学情景因子并加强学生综合素质的培养等手段来弥补学生核心能力培养中的欠缺，达到培养适应市场和社会需要的高素质、实用型人才，不断提高核心能力的目标。

# 第三章　商务英语专业课程的改革实践

## 第一节　商务英语专业校企合作模式课程的改革实践

始于20世纪50年代的商务英语专业，进入21世纪以来，正经历着学科的提升和发展。在此期间，商务英语专业的培养目标依然为此领域的学者们所争论。以培养人文素养为重点的通识教育和以教授商务知识为重点的专业教育是两种主要的观点。本研究并不试图对此问题进行论述，而期望从就业的角度分析商务英语专业的教学模式，从而对这一争论提供一种思路。

### 一、校企合作的背景

高等教育与企业是密不可分的，高等教育培养的高素质技能型人才直接为企业一线服务，为企业的发展注入活力。而企业的生产一线是高等教育的最佳实习课堂，企业的发展将会促进人才的需求，促进高等教育的进一步发展。而商务英语专业则是高等教育若干专业中非常需要与企业结合并到企业中进行实习的。校企结合的研究在国外的发展很快而且很有成果。大多实行这一课程设置模式的专业为高职专业，如手工业、制造业、交通通信业等。在澳大利亚，TAFE（Technological And Further Education）教育的发展方兴未艾。"Work Integrated Learning"（与工作相结合的学习）早已成为该国TAFE教育的重要课程设置模式。英国和美国在此领域的发展也并不落后。而在国内，几乎所有校企结合的专业都是高职院校的专业。这虽然为这一领域的研究奠定了基础，但也存在一定的局限性，即该模式仅在高职院校中实施。而普通高等院校的相关专业是否也可以实行此教学模式则有待进一步研究。

本研究希望探讨对商务英语专业进行"校企合作"课程设置模式的可行性及具体的操作模式，从而使高校商务英语专业的教学模式更加明确，并为丰富该专业的教育手法提供研究支持。校企合作一直是许多实践类专业课程设置中不可缺少的一个环节。以天津外国语大学为例，2012年正式获批商务英语专业，而从该专业设立之初，其教学大纲中就明确把实践教学列入其中。该专业为其三年级的学生开设实践类课程——"市场调研"，要求其四年级的学生在第八学期参与到企业的实践中去。该专业的实践证明，校企合作是商务英语专业进行实践教学的最可行方式。然而，在目前国内商务英语专业的课程设置中却鲜有明确采用校企合作模式进行教学实践的，因此，此研究的研究结果将会对商务英语专业的实践教学有一定的指导作用，并会具体影响商务英语专业实践教学的改革方向。

## 二、文献综述

### （一）校企合作的主要模式

在目前的相关研究中，校企合作的模式主要有合作办学、联合办学和师资培养。合作办学主要是指"高校根据平等、协商、互利互惠的原则与企业签订联合办学的协议。高校和企业双方在科技攻关、产品开发、成果转化、人才培养、继续教育、决策咨询、学术交流等方面开展合作，发挥双方各自的优势，使教学、科研、生产紧密结合起来。高校要优先向企业介绍、转让自己的科技成果，企业也要为高校提供科研课题，并给予资助。企业邀请高校的专家进行科技咨询、科技攻关，作学术报告，高校邀请企业的领导和技术人员到学校与教师座谈，给学生作报告，为改进教学、让学生接触社会创造条件。同时企业要成为高校开展科研教学及学生学习、社会实践的基地"。联合办学是指"根据高等教育法提出的学校与企业之间开展协作、实行优势互补，提高教育资源的使用效益的要求，学校应该与企业实行联合办学。企业根据自身发展的需要有计划地向学校提出培养人才的要求，高校可利用企业的资源在企业开设二级学院，定向培养的人才回企业工作。企业在高校设立科研所，为企业的产品增加科技含量并为新产品的开发提供智力支持。据此，企业的科技人员可以在高校兼课并获得某些领域科技发展的前沿知识，以此指导企业的科技开发"。师资培养是指"高校教师在企业兼职，担任企业的科技顾问或助理，以丰富教学内容，并获得科技创新的实验场所。高校根据企业需要设置专业，所毕业的大学生到了企业以后，不仅有较强的动手能力，而且能为提高企业的整体素质，适应知识经济时代的需要打下良好的基础"。

三种模式中，合作办学是最为深入的校企合作方式，高校与企业在各个方面全面合作，这样的模式对学生来说是最实际的实践教学，也因此会产生理想的教学效果。目前高校大多采取联合办学的合作模式。这是最经济、方便的模式，是各大高校希望达成的校企合作模式。而师资培养则是最基础、入门级的合作模式。

### （二）商务英语专业的特点

需要学生有基本的人文素养、扎实的英语知识、实际操作能力和创新思维。商务英语专业强调的不仅仅是语言的水平，而是一种实际综合素质的提高。学生应该学会如何把英语语言运用到国际商务环境中去，并在其中实现跨文化的商务交际。商务英语的特点主要在于其教学的专业化、口语化和较强的针对性。归根到底，为其实用性，这也是其区别于其他专业，包括英语专业的主要特点。因此，商务英语专业的实践教学最能体现其专业的优越性。

结合以上两方面内容，本研究希望通过合作办学的模式，让学生走进企业实习以及聘请企业家到校讲学等方式对商务英语专业的实践教学进行改革。

## 三、校企合作模式课程的构建

本研究以天津外国语大学英语学院商务英语专业的校企合作模式为案例，分析其实践教学的改革成果。

### （一）企业的选择

商务英语专业希望寻求全球知名跨国公司为合作办学的伙伴，以期使学生获得业界顶尖的国际商务实务的相关实习平台。从建立至今，商务英语专业已经建设了五个学生实践基地。这五个新建的实践基地分别是：一家总部在美国的国际著名生物化学品制造公司；一家总部在美国的国际知名电梯公司；一家总部在法国的著名电气公司；一家总部在瑞士的知名食品公司和一家总部在美国的业界知名IT公司。

### （二）企业导师的选择

基于"不求我有，但为我用"的理念，商务英语专业聘请了四名跨国企业的高管，组成企业家"兼职导师"队伍。该导师团采用课堂教学、讲座的形式，将最前沿的企业运营实践、经验与师生分享。商务英语专业"兼职导师"的主要职责侧重于指导学生提高实务操作能力，指导学生体验，增强实践能力。该专业向这四位跨国公司的高管颁发了"兼职导师"聘书。这四位"兼职导师"是：一位总部在美国的业界知名IT公司（世界财富500强）的副总裁兼中国区经理；一位国内著名房地产公司的金融部总经理；一位总部在美国的著名通信制造商的质量总监；一位总部在法国的著名交通工具制造管理公司的现场支持总监。

该专业正在继续探索"校企联合师资培养"模式，加强教师的商务实践能力培养。2014年3月，该专业与天津一家著名物流企业签署校企合作培养师资协议，安排该专业物流英语课程专业教师走进企业，参与企业的运营管理，为企业的战略制定与日常运营管理出谋划策，以此培养教师的实战能力。同时，该专业正准备与8家企业签署校企合作培养师资协议，安排商务专业教师走进企业。这样，既让教师成为企业发展的智库，服务天津经济的发展，又可以培养专业教师的实战能力。

同时，本研究把校企合作课程模式嵌入商务英语专业课程设置体系，探索此种体系的可行性，并主要从师资队伍建设、实践教学、科学研究和就业服务等方面考察此种课程设置的优缺点。对学生的评估主要从与其他学生的学业成绩对比、学生的就业率以及用人单位评估等多方面予以考查。

### （三）校企合作教学模式

该专业采用"循环互哺式"教学模式，第一级的"人才培养领导小组"由该专业学科带头人和企业 CEO 共同担任，承担对该实践教学培养方案、教学大纲和教学模式等文件的起草和设计，以及对该实践教学模式的综合管理和考评。第二级分别设由校方组成的课程建设指导委员会和由企业组成的企业导师团。双方共同商定具体的教学计划并让学生走进企业，让企业导师走入校园。第三级设有教研室、实践中心、现场运维部和汇报测评中心，第三级实则为具体的实施和保障部门，为该校企合作模式保驾护航。

企业导师（公司高管）担任商务类专业课程的教学任务，校方配备专业教师。企业高管将企业的问题提交给专业教师，专业教师将解决方案交给企业。同时，专业教师将企业的真实案例应用于课堂，这样可以达成理论与实践的结合；此外，学生毕业后可以凭借自己的专业知识、英语水平应聘于该企业，将所学应用于企业实践中。

该校企合作的实践教学课程采取以下具体的实施方案：学生要到企业进行为期两个月的实习。在这两个月中，学生采取"轮流制"的方式在企业的各个部门进行实习。每周的周一至周四，学生在各部门进行实习。在实习的过程中，"企业导师"会事先向学生介绍该部门的大致情况以及本周该部门的具体工作，并要求学生将自己的见闻、思考和疑问记录在工作日志中。同时，"企业导师"会事先安排该部门的同事对学生进行指导、安排学生参与部分日常工作并将这些内容写入教学计划。每周周五"企业导师"与学校的专业课教师共同为学生上课。其中，设 6 课时学习商务专业知识，这主要由学校的专业课教师进行讲解；设 2 课时为实习反馈课程，学生可就本周的实习情况进行总结和提问，"企业导师"与学校的专业课教师共同就学生的反馈和提问进行解答，以解释学生在企业运营管理方面的疑问并提前介绍下一周学生在各部门实习期间的实践教学安排。

该校企结合模式实际上相当于企业中的"管理培训生"的职位。员工通过在企业的各个部门进行轮岗，全面熟悉企业的运营模式和管理规范。一定时间后，员工可以与企业商讨并结合自己的兴趣自主选择部门。这一职位，对于期望在短期内全面熟悉企业并挖掘自身兴趣和潜力的员工非常合适。正是出于同样的考虑，本模式将这一职位称为"管理实习生"。

此外，此模式还使用了"AB角工作制度"。AB角工作制度是指"每一项业务工作岗位要有两人以上承担，分为A角和B角。A角为本职工作岗位的主角，职责是做好本职工作，并对所做的工作承担主要责任。B角是A角的配角，职责是当A角临时外出或公务繁忙时，B角协助或配合A角做好相关工作，并对所做的工作承担相应责任"。在此实践教学模式中，A角为该部门的联络人，主要负责向学生介绍该部门的大致情况，并安排学生参与某项工作；而B角则为实习的学生，主要听从A角的安排，协助和配合A角做好被分配的工作。实习的学生以B角参与到企业的日常运营中有利于其更快地熟悉企业运营并更主动、更独立地运用所学知识解决实际问题。

学生实践教学的评价体系以理论和实际相结合、高校和企业共同测评的方式进行。这一评价体系有别于学生日常课堂教学的评价模式，把理论知识和商务实践有机地结合了起来，从而对学生产生吸引力，使学生更加重视测评，也因此更加努力地参与到商务实践中来。这有利于对学生做出全面、客观、公平的评价，并使实践教学的效果落到实处。

## 四、结论

本研究对高校商务英语专业采取"校企合作"的方式进行实践教学进行了探讨。采用案例分析的方法，以天津外国语大学英语学院商务英语专业的实践教学规划为例，从实践基地和导师的选择到整套教学体系的构建进行了分析。主要就学生到企业中进行实习的教学方式、教学内容以及评价体系进行了讨论。今后的研究将继续追踪该模式的实践教学效果，以期对此实践教学模式进行更加完整的介绍和讨论。

# 第二节 商务英语模拟实践教学中心的构建

国际商务英语专业方向的特点是面向国际市场，培养的学生应该是既熟悉国际商务规则，又具有操作能力的实用型人才。这对学生的英语语言技能、商务实践能力、跨文化基本素质提出了更高的要求，同时也对教师的教学内容、教学方法及教学手段提出了挑战。面对新的挑战，我们建设了商务英语模拟实验教学中心。

商务英语是指企业将重复性的非核心或核心业务流程外包给供应商，以降低成本，同时提高服务质量。模拟实验中心是指借助软件教学手段的支持，对实际商务流程进行模拟，使实际国际商务活动转化为由学生在实验环境中可以进行的实际操作，借以有效地实现预定的教学目标的过程。

在由天津外国语大学英语学院国际商务英语建设的商务英语仿真教学实验室内，学生可以通过英文的商务模拟平台和商务训练软件，依托丰富的网络资源和数据库资源接受训练。通过这些平台，学生可以在包括信用卡客服、预约订餐、预约门诊、家政服务等多种模拟商务情境中进行实践，这既加深了他们对呼叫中心具体操作和管理流程的了解，又提高了他们在具体商务情境中英语沟通的能力。

## 一、目前商务英语模拟实验中心的应用现状

随着商务英语专业人才需求的迅猛增长，越来越多的学校开办商务英语专业。为了更好地培养学生的实践性，不少学校引入了商务模拟实验室系统。但是就目前正在应用的系统来说，还不能完全满足教学的要求。商务模拟实验室的不足主要包括以下几个方面：

### （一）设计目标偏差

现有的商务模拟实验系统只是在系统中为学生分配一个角色，模拟商务流程中的某一主题，将商务业务流程固定化，无法了解商务各环节的设计思想与方法，

更不能由学生亲自动手设计后台管理系统,这样的模拟实验不能完全达到商务实验的目的。

### (二) 教学适应性相对较差

在商务教学的模拟实验中,学生只能了解商务流程的使用,不能清楚地认识商务各个环节之间的流程控制,无法具体掌握过程点之间的链接关系。而教师由于授课环节结束后,无法再次进行理论辅导,模拟实验和理论知识之间存在漏洞。

### (三) 无法满足商务英语专业的教学需要

由于商务模拟实验室的局限性,无法针对商务英语的某一门课程或某一项技术而开设某一个实验项目。由于流程不能改变,流程中各个环节的具体功用体现不足,使得学生即使做了实验,也无法完全掌握整个商务流程的实现原理。

## 二、BPO 模拟实验教学中心构建的可行性研究

首先,信息化为之提供基础。信息技术的飞速发展,对各行业都产生了很大的影响,对国际商务的影响尤其深刻。信息化使国际商务环境发生了重大的改变,网上交易、签订合同、报关报检、支付,为各种网上虚拟的信息交换开辟了一个崭新的市场,物流、信息流、货币流"三流一体"的全新战略,解除了传统国际商务活动中物质、时间、空间、支付等问题对交易双方的限制。同时,企业的商务流程也随之发生重组,企业可以选择进行 BPO 商务流程外包,将一些成本低的、非核心业务流程外包给其他供应商。作为国际商务英语人才培养基地的学校,更应该充分利用现代技术改进教学和科研,模拟实验室作为这种趋势的具体体现,为其提供了实现的基础。

其次,它是国际商务英语学科发展的必由之路。近 20 年来,国际商务英语已经从单纯的一两门课程发展成为一个涉及国际商务各个领域,由各门课程组成的一个综合的、自成体系的新学科体系。而传统的商务英语课堂中,只是在英语中附加了少量的零碎的商务知识,如外贸函电、经贸英语等。商务知识较为零散,缺乏系统性和连贯性,因此学生在未来岗位中直接从事商务工作的能力不足。而 BPO 模拟实验教学中心,通过情景模拟法、任务导向法,让学生在互动中提高

英语语言技能的同时，真实地感受企业的商务氛围，很好地弥补了传统课堂的缺憾，同时也便于教师进行计算机辅助教学和实践教学方面的研究，促进了课程体系的改革和学科的建设和发展。

再次，它满足了企业对培养人才素质所需。国内大多数高校将教学重点置于商务理论的研究和基础知识的讲授上，毕业生在以优异成绩走出校门之时，可能对理论有非常透彻的理解，但在实际的业务操作中不知所措。国际商务活动具有很强的风险性、操作性和实践性，课堂教学很难让学生掌握其标准和规则。21世纪是更为开放的知识经济时代，将需要更多从事国际商务的人员，特别是需要具有一定实际操作能力的实用型人才。通过中心模拟实验教学，加强了综合性实践教学环节，可以把国际商务英语专业的学生培养成应用型专业人才，所以商务英语模拟实验室的建设十分必要。

最后，现已具备完善的技术条件。现代信息技术特别是 Internet 技术、多媒体技术的飞速发展和应用，使得信息的获取和处理变得非常简易，因而从技术角度来看已具备条件。实验中心除整理修订实验教材外，还拥有 30 台计算机，两台企业机高性能服务器，千兆网络的连接使得该实验室具备了海量存储、高速检索和快速数据分析的功能。同时，中心引进了呼叫中心系统，购买并安装了更多商务情景，以及国际商务实践模拟软件 Sim Trade 平台，有利于学生对贸易流程有更深的理解。

## 三、商务英语模拟实验教学中心总体功能设计

### （一）实验项目体系

首先，英语语言技能训练。中心通过呼叫应答训练，在仿真场景中进行电话接听，改善了学生在语音语调及实用应答技巧方面的培训。在网络教学系统和任课老师的引导下，可以对学生的语音语调、泛听、精听进行训练，并在实验教学中融入真实的商务语境环境，使学生更多地了解语言在真实语境中的使用，并学会在互动中使用地道的英语。另外，通过模拟真实的语言环境，提高学生的中西方文化差异意识，帮助学生减少交际用语失误。

其次，商务英语专业知识训练。中心通过教授"物流应用""论文写作"等商务英语专业课程，在基础技能训练的基础上，围绕课堂所讲的理论知识，再借以外贸实务操作系统，在教师的引导下，夯实学生的国际金融、物流、贸易、谈判等多领域专业技能，使学生能够熟练运用已掌握的基本商务知识，提高商务活动的实际操作能力和素质，做到不仅能够在心中牢牢把握理论知识，更能够在实际操作中将其运用出来。

最后，跨文化技能训练。中心开设了包括"跨文化商务交际""中国古代商业文化"等学科，旨在提高学生的跨文化意识，帮助学生在打好英语语言和掌握商务知识的基础上，充分了解中西方文明史、对比研究中西方文化的差异，以及牢牢掌握正确的商务礼仪。学会从不同的视角看待全球经济、政治和文化活动中的问题和现象，有利于学生在今后的涉外商务及文化活动中化解可能由文化差异引起的危机。

### （二）中心实验室模拟软件的引进

电子商务模拟实验室模块主要为教师提供教学辅助功能，通过模拟实际岗位进行实训操作，从而提高学生的实践能力和创新能力，突出岗位特色，让教师可以模拟仿真的网络交易环境指导教学，真正实现理论教学与实践教学同步。

首先，呼叫中心教学系统。实验中心安装了先进的呼叫中心教学系统。该系统提供仿真呼叫中心，内附10个仿真模拟商务场景，学生在课堂上可以通过在这些情境中的语篇，练习在这些场景中的电话会话，增强学生在跨文化环境中的电话交际能力。

其次，Sim Trade 外贸实习平台。本实验中心的所有电脑均安装了 Sim Trade 外贸实习平台。该平台是模拟的 B2B 电子商务中心，以计算机网络为基础，构筑一个实验平台。每个参与 Sim Trade 外贸实习平台实习的学生组成不同的公司并进行角色扮演，每个公司可以有自己的 E-mail 地址、银行账户。学生以不同的角色在实验室进行操作，切身体会国际商务的全过程，可以在较短的时间内全面、系统、规范地掌握各个业务环节的主要操作技能，培养和锻炼了其经营管理能力。Sim Trade 外贸实习平台融合了国际经济学、电子商务理论和外贸实务流程等多门课程，也利于形成一支既懂英语，又精通现代化教学设施的复合型专业教师队伍。

最后，网络资源。中心拥有电子图书检索系统、电子期刊检索系统、硕博士论文检索系统、在线工具书、网络百科全书等信息，并在此基础上安装了统计分析系统等教学、科研软件，运用这些资源，教师可在中心进行论文写作等课程的讲授，丰富的网络资源拓宽了学生的视野。

### （三）教学资源及手段

模拟实验教学中心对于实训学生的培养，以呼叫座席人员为目标，通过教授"中国传统商业文化""跨文化商务交际""呼叫应答训练"和"论文写作"等课程，为不同层次的学生提供不同的研究项目，既加强了学生夯实语言基本技能，培养文化差异的意识，也提升了其语言技能和综合素养，培养了创新意识、合作精神和理性思维。

中心人员根据自己多年的科研成果和教学经验编写了实践教材：《物流英语》《跨文化商务交际》和《中国传统商业文化》。教材中有大量的理论和实践素材供学生练习，可以让学生身临其境地感觉商务情境，极大地丰富了他们的专业理论知识和商务实践能力以及呼叫座席实战操作能力。

实验中心一改传统课堂教学中以教师为主体的教学方法，采用启发式、探究式、讨论式、参与式的教学方法，让学生在做中学。具体包括：情景模拟法，运用商务模拟情境使学生在接近日常、工作、学习的交际场景中扮演某个角色，处理相关商务事务；任务驱动式教学法，教师设定任务和要求，从资料收集、方案的拟订、设计与调试到撰写相关的材料，都由学生自主完成；开放式教学法，学生可以利用网络平台，进行自主学习；讨论式互动教学法，通过学生的讨论互动，充分调动学生的积极性，提高自己的分析能力和思维能力；讲解演示法，在学生实践之前，教师要讲解演示所涉及的语言及相关软硬件设备，引导学生进行观察。

## 四、构建商务英语模拟实验教学中心的重要性

首先,为学生设置实践平台。教学要为社会服务,但由于客观条件的限制,在校生没有到社会上进行实践的机会。通过实验室模拟操作实践,可以弥补这个缺陷。中心设计网络模拟交易过程,利用计算机处理各种信息,并及时反馈。让学生能够在一个近乎真实的经济贸易环境下,亲自处理实际业务过程中遇到的各种问题。在实践中验证所学的经济贸易理论,全面、系统、规范地掌握贸易操作技能,提高学生的知识综合运用技能及对国际商务业务的感性认识。

其次,改善了教学环境。商务英语模拟实验室的建立为教师提供了一个新型的教学环境。通过实验教学和实验室操作,教师可以在更短的时间内传授更多的知识,实验室的建立有助于国际商务英语专业教学质量与教学效率的提高。教师根据具体的实验教学项目采取不同的教学方法,譬如情景模拟法、任务驱动法、讨论互动法,为学生提供了一个先进、新颖、有竞争性、有激励性的实用教学手段,也使得学生能够接触到更为真实的商务语言语境。

最后,为科研提供条件。高校是科研中心,中心模拟实验室也应当为科研服务。通过鼓励教师利用中心丰富的电子资源和网络资源,跟踪研究领域的最新信息,发现问题,形成科研项目开发研究,将科研中出现的问题作为教学的典型案例在课堂中进行解答。这样既结合了课内与课外、校内与校外,也提高了学生的实践能力,推动了学生在企业中的实践活动。

同时,在中心引进的最新商务交易平台上,师生可以对选定的商品进行全面系统的跟踪调查,对一定时期期货行情的了解,积累相关的数据,对这些数据进行深入分析,研究其贸易发展趋势,为政府机构及相关企业服务。

## 五、BPO 模拟实验教学中心的构建原则

首先,多功能性。模拟实验中心按照实际教学和学生实训任务进行结构和内容的设计,将商务英语专业相关课程的主要教学、实训内容整合在同一模拟实验室中,如将物流、跨文化交际等按照实际商务情景加以整合。这样,模拟实验中心兼具教

学和实训的多功能性，不但符合实际商务情景，而且更符合教学模式的要求。

其次，岗位参与性。实验模拟中心的实现过程严格模拟现实岗位过程，按照岗位要求技能专项进行模拟。通过角色扮演，虽然学生没有机会进入商业公司，但同样可以在实训中接触真实的商务流程，达到提高动手操作能力的目的，也为教师的教学提供了良好的模拟平台。

再次，交互性。中心在学校创设模拟商务环境，利用实时的、真实的数据、案例对学生进行实训，实现大型商务公司和高校间的资源共享。一方面，运用商业实体对学生进行实训，让学生在真实的商务环境中将所学的知识转化为工作技能；另一方面，商务公司可以共享高校的最新科研成果，也为日后输入到公司的毕业生节省了一笔培训费用。

最后，扩展性。实验中心应充分考虑到课程的设置和实验的具体情况，创造真实的模拟环境，支持新的电子商务模式和业务，支持系统的更新。同时，实现产、学、研紧密结合，以教学任务为中心，兼顾与各大事（企）业单位的合作，以科研带动教学，激发学生从事科研的兴趣，促进商务英语专业学生的本科教学和科研。

## 六、BPO模拟教学中心建成以来的成果

BPO实验教学中心采用的课堂教学、网络教学、商务实践和自主学习等多元教学和实践方式，极大地激发了受训学生模拟商务情景、体验商务活动以及从事科学研究的兴趣。自中心成立以来，不仅服务于本专业的教学、科研工作，而且正在尝试为社会提供外语服务，行业涉及出租车、涉外家政等。天津作为国际化大都市，越来越多的外籍人士来到这里工作、生活、旅游，对商务英语这项服务有着强烈的需求，当然对学习外语的学生来说，这也是非常难得的锻炼机会。

BPO实验教学中心是一座连接学校和社会的桥梁，通过模拟商务环境实训，学生完成了由一名学生向一名劳动者转变的过程。在实训中学生能够转变观念，树立较强的职业意识，在就业前就意识到自己角色的转变，由被动地接受知识，

到主动地、创造性地劳动。总之，中心的建立，是信息化进程的必然结果，是21世纪综合性专业学科建设的需要，为学生提供了一个良好的实践条件，为教师提供了一个良好的教学、科研条件，为培养综合型、复合型人才打下了坚实的基础。

# 第三节　商务谈判课程教学模式探讨

随着中国经济的不断发展，中国对外贸易越来越多，对该领域人才的要求越来越高，企业对涉外谈判人员的需求也逐渐增加。各高校也更加注重该方面人才的培养。商务谈判是一门综合性较强的应用学科。一场谈判涉及经济学、市场学、营销学、管理学、心理学、行为学、语言学等众多学科知识，最新的科研成果被不断吸收进来，有关商务谈判的研究就是在这些学科的基础上展开的。商务谈判课程对提高学生的综合能力发挥着重要作用。然而，纵观该课程的教学现状，仍存在诸多问题需要解决。

## 一、商务谈判教学现状

一是教学内容忽视实践教学。商务谈判课程的教学方式较落后，大多数教师在课程教学过程中，还在沿用传统的以教为中心的"填鸭式"教学模式，不注重对学生学习积极性和主动性的激励。教学过程中，学生被动接受知识的灌输，导致书本上学到的知识无用武之地。目前，大多商务谈判教师仍按照传统专业课的讲授方法，完全按照教学大纲与教学目的的要求组织教学内容，着重讲授理论内容，让学生了解商务谈判的定义、流程、类型、原则；熟悉商务谈判过程；了解商务谈判的礼仪；具备一定的心理素质、思维能力、伦理观念；掌握商务谈判的基本方法、技巧和策略。在课堂教学的过程中，教师也能够进行具体案例分析，引用相关案例进行理论知识的实际应用。虽然这一方法保证了课程内容的系统性和条理性，但是缺乏实践性和灵活性，不利于培养学生的能力。

二是教学手段单一。近年来,许多专业教师也在积极尝试多样化的教学方式,如案例教学、情景教学、角色扮演等。但是,由于教师能力和教学资源的限制,教学效果并不显著。教师借助于多媒体教学手段更多的是为了向学生传递更多的理论知识和信息,而没有真正将多种教学方法融入其中,这当然影响学生的兴趣和学习欲望。

三是考核方式忽视对谈判能力的测试。商务谈判课程传统的考核方式主要是闭卷考试,以期末考试的卷面成绩作为考核学生水平的最终标准。这种考试方式忽视了对学生运用所学理论知识去策划、组织和实施谈判能力的考核。因此,学生对谈判技能、谈判技巧的掌握能力无法通过传统的闭卷考试方式衡量。

四是教师实战经验不足。作为一门应用性和操作性极强的课程,商务谈判课程要求教师不仅要具备相关理论知识,更要有丰富的谈判经验。然而,很多教师却缺乏实际的商务谈判经验,在讲授商务谈判课程时,无法将真实的谈判经历融于课堂之中,只能讲授课本中的理论知识和现有的案例,导致课堂教学缺乏生动性和活跃性。

五是学生自主学习能力弱。在传统教学模式下成长起来的学生,相当一部分人不具备自我管理、自我学习和自我服务的能力和意识;在学习、思维能力培养上,与人沟通及自我管理方面对老师有强烈的依赖性。在学习方面,学生存在着严重的惰性,自学意识差,很少利用网络、图书馆等手段查阅资料,对于知识的获取仅仅局限于教材,并且很少主动思考、质疑教师课前布置的教学案例,导致在学习过程中无法发散思维,进行创新。同时,学生合作能力差,不善于与人沟通、协调。因此,在面临日益激烈的市场竞争时,传统教学模式下培养出的学生的就业能力和心理基础往往很脆弱,无法满足社会对他们的要求。

由此可见,商务谈判课程教学在教学内容、教学手段、考核方式、实训教学、师资等方面还存在着一系列的问题。传统的灌输式的教学跟不上当今社会对于教学的要求,因此教学模式的改革势在必行,而且对提高教学效果至关重要。针对这些问题,如何才能培养出高素质、合格的谈判人员来满足企业的需求呢?这就要求教师必须改革现有的教学模式,提高教学实践创新,注重培养学生的谈判能力和综合素质，不断拓宽自身的视野，在原有教学基础上对课程进行改革已成为商务谈判课程发展的必然选择。

## 二、商务谈判课程教学模式改革探索

### （一）商务谈判课程教学内容改革

教学过程中，教师应当灵活组织教学内容。教师必须阅读与课程相关的教材，发现目前教材中普遍存在的问题，了解每本书的优势与不足，掌握商务谈判课程的整体框架及本学科的基本内容，分析实际谈判的内在规律。这样，才能更好地组织教学内容，讲授时做到条理清楚、深入浅出，避免被指定教材牵着鼻子走。

具体地讲，教师在教学过程中，可以采取基础理论与案例研究、模拟谈判穿插的方式，让学生充分体会理论在实战中的应用。首先讲解商务谈判的基本原则，使学生对商务谈判有初步的认识；然后讲解谈判的基本程序和步骤，并要求学生掌握实际操作的框架，了解商务谈判是依原则而进行，有章可循；最后，讲解谈判的基本技能和技巧，使学生认识到商务谈判也是一门艺术。教师无须局限于某本教材，可以自己进行教学设计，将理论、案例和模拟实战融为一体，让学生在有了理论知识的基础上，能通过案例分析和模拟实战理解并灵活运用理论。

### （二）商务谈判课程教学方法改革

为调动学生学习的积极性，真正做到学以致用，提高学生商务谈判能力，在具体的教学上需要采取一些新的方法和手段。

一是以"学"为中心的讲授法。商务谈判作为一门课程，教学过程中的知识传递必不可少。一方面，教师要向学生讲授商务谈判的基本原则，商务谈判的技巧和策略以及商务礼仪，让学生掌握商务谈判的基本理论和基本技能，为适应未来国际交往和商业活动的需要奠定坚实的理论基础。另一方面，对于可以自由发挥的内容，可由学生上台讲解，教师最后进行总结，就其中不足的地方、重点的地方加以阐述，课堂讲解不以"教"为中心，而以"学"为中心。这种方式可以充分调动学生的积极性，相对于单纯的讲解，这种教学的效果非常显著。

二是采用模拟谈判的方法。商务谈判作为一门实用性极强的课程,模拟谈判的设置必不可少也体现了这门课程的特色。相对于讨论和讲演等纸上谈兵的方式,模拟谈判更易于教师评估学生实际应用能力并发现存在的问题,以便给予更具针对性的指导。另外,在学生模拟谈判时,教师可以将谈判过程用相机记录下来作为课堂讨论的一手资料。

模拟谈判可以帮助学生熟悉和了解实际谈判中的各个环节,对于锻炼与提高自身综合能力大有裨益,也更好地体现了素质教育的实质。模拟谈判不仅使学生的观察能力、表达能力、交际能力得到充分体现,还培养了学生的团队协作能力,因为谈判小组的分工与配合是达成谈判目标的重要基础。另外,通过自我总结,学生也可以更深刻地体会谈判中存在的问题以及谈判的经验、教训。学生不仅可以从其他同学的表现中学习,还可以从自我的表现中总结经验,学习能力得到了更充分的锻炼。

模拟谈判对培养学习兴趣也起到了积极的作用。这种方式促使学生在前期准备时主动找教师探讨谈判方案,并提高自己以后从事类似工作的信心。这充分证明,模拟谈判可以使学生将学到的知识运用到实际谈判中,促使学生去实践所学的知识,体验学习的快乐,是实践教学中行之有效的模式。在模拟谈判中,学生可以熟悉不同类型商务谈判的特点并分析谈判成败的经验教训,有助于培养良好的职业素养。

在实战教学环节,教师应给学生充分的时间发挥,不能为了教学进度而仓促了事。当然,这就要求教师在教学的灵活性和规范性之间做好计划。为了让每个学生都参与其中,教师应尽量选取学生日常生活中能接触到的经济活动,使其更容易进入角色,有话可说,在学到知识的基础上进行运用。

三是组织相关专题讲座。邀请商务谈判人员到课堂上为学生做专题讲座可以使学生在了解谈判基本理论知识的基础上,加深对谈判实战的切身体会,进而更为具体地掌握商务谈判的基本流程;并且更深刻地领悟课堂上所接触的谈判策略和技巧。此外,务实性讲座可以使学生课堂学习的目的性得到加强,唤起学生加入谈判实战的热情,借此教师可以督促学生及早树立理论与实际相结合的观念,并为迎接毕业后从事商务谈判实践工作做好准备。

另外,对在校的学生来说,谈判经验是最薄弱的环节,同时也是最需要学习的内容。由于企业谈判人员具备在各种场合谈判的丰富经验,思维敏锐,有必要邀请他们到学校做讲座。他们可以通过鲜活的事例、务实的讲解激发学生的学习兴趣和热情,增强学生对实践的认识,这是与课堂教材学习最大的区别。若效果好,讲座会成为最有吸引力的一堂课,提高学生的积极性。因此,在学校支持且时机适当的情况下,教师可以依据谈判人员讲座的质量,定期聘请他们做实务性讲座,并通过与学生的互动建立良好的长期交流机制。

四是创造企业实习机会。商务谈判作为一门实践性极强的专业课程,学生仅仅依靠课堂上的理论教学与模拟谈判是不够的。因此,教师一方面应鼓励学生把握所有可能的机会,进到企业中体验真实的商务谈判过程,将理论付诸实践,另一方面也应为学生创造机会。比如,以学校为官方代表,为学生签订一定数量的以校企联合为主要形式的实习、实训基地,让学生利用实习周或假期等空闲时间,集中或分散地深入企业参与谈判实践,让学生将课堂所学的理论知识与基本操作技能应用于实践。这种方式既有益于学生巩固商务谈判基础知识,又能让学生体验到理论转换成实践的喜悦。总之,学生的综合谈判能力将大有提高,并为日后从事商务谈判工作积累必要的实战经验。

### (三)提升教师自身素质

哈佛学者斯腾恩伯格认为,一个优秀的教师应该具备三个层次的知识(原理性知识、特殊案例的知识、把原理和规则运用到特殊案例中的知识)的完备体系,而不是只能喋喋不休地向学生进行从概念到概念的演绎(符瑞光,2008:69)。教师只有具备扎实的理论知识、突出的实战能力,才能在教学中得心应手地运用各种教学手段,做出对学生具有说服力、吸引力、影响力的评议。

第一,教师应熟练运用多种教学方法。教学理念不断更新,这对教师提出了更高的要求。教师要认真研究教学方法,不断创新,互相学习,尤其要多学习国外一些成功的教育方式,采用更为灵活的、人性化的互动式的教学方式,才能做到提升自身素质的同时培养出优秀的学生。

第二，教师应丰富自身实战经验。增加经验的有效途径之一就是积极参加谈判实践活动，充分利用课余时间或假期到企业中去，把搜集到的第一手资料应用到教学中，使教学内容具有说服力，并且富有新鲜感、时代感。

### （四）商务谈判的考核方法改革

对学生的考核，教师不应该再以传统的期末考试卷面成绩作为最后的考核标准，应该采取多样化的考核，全面评估学生的能力。考核标准可以包括学生搜集整理和运用信息的能力、英语口语表达能力、事前分析能力、谈判能力、角色配合与团队协作能力等。课程采用百分制核算，平时表现占20%，模拟谈判表现占20%，谈判实践表现占30%，期末考试成绩占30%。其中，谈判实践成绩由学生实习企业主管人员根据学生的具体表现给出分数。这种考核的突出优点是能够促使学生从课前准备阶段就全身心地投入本课程学习，平时表现比重的加大能够避免学生在课程学习过程产生松懈，也有助于学生对课程内容的持续消化和吸收。这种考核方式的顺利实施，要求教师在第一节课上明确课程考核方法和要求，向学生清楚地交代每阶段学习任务完成的截止期限，这样既能够很好地体现教与学的互动，又能使学生在学习中获得更大的主动性。

## 三、结语

商务谈判课程应建立以学生为中心的教学模式，注重理论与实践的结合，以实践为主，理论为实践提供服务，增加实践环节在教学过程中的比重。不应仅仅强调理论传授的重要性，而重在激励学生进行自主学习并启发学生的潜能，提高商务谈判能力。因此，要求教师在授课过程中应处理好知识灌输和启发、讲授与讨论的关系及注重理论教学与实战教学相结合。这也对教师提出了要求，教师必须不断学习，补充新的知识，通过在职进修，短期培训，课题组研讨、自学，参加专业资格考试，参加企业实践挂职锻炼等方式来积累实践经验，提高自身的素质与业务能力。这样，教师才能做到传授学生商务谈判的知识，培养学生实际应用能力及解决问题的能力。

# 第四节　商务英语专业实践教学模式研究

随着经济全球化进程的加快和中国经济改革的深化，中国与其他国家的国际交流和合作日趋频繁，商务活动不断增多，社会形势的发展要求我们培养越来越多的具有"较强的英语语言技能＋一定的商务专业知识"的复合型、应用型人才。实践教学则是高等院校培养"英语＋商务"复合型、应用型人才最有效的途径。

## 一、商务英语实践教学模式现状分析

随着经济全球化的发展，企业对应用型人才有着广泛的需求，商务英语专业也应运而生，国内多数高校都增设了商务英语专业。然而商务英语专业毕业生的实践能力与企业对商务英语人才的需求存在很大的差距，商务英语人才培养出现了偏差。主要原因在于商务英语专业在实践教学中存在以下几个问题：

### （一）商务英语教学模式理念的落后

商务英语教学的目标是培养学生在国际商务活动中熟练使用英语交流的能力，这也是开放教育要求坚持的教学实践性原则。然而，很多一线教师并没有真正意识到商务英语教学的实践性。他们仍旧使用传统的"填鸭式"课堂教授法来设置课程，主要以教师为中心进行单向输出，只重视语言和商务基础知识的教授，却忽视了学生社会实践能力的培养，不能真正地实现将"语言知识＋商务知识"学以致用。所以，最终的结果就是难以培养出既具有较强的语言运用能力又具有商务知识与业务操作技能的复合型人才。

### （二）师资队伍自身的专业缺陷

商务英语教学对教师自身的专业素质要求很高。它既是语言教学，又是业务技能教学。商务英语课程的教学不仅要求教师具备很好的英语基础与语言运用能力，而且还要求教师具备扎实的国际商务知识和实践操作技能。然而目前商务英语专业的教师队伍中，多数都是英语语言文学专业出身的本科生或研究生，从事商务英语教学工作。他们的英语理论知识可能比较丰富，但是多数缺乏商务专业知识，根本就不具备"英语语言+商务知识"的实践操作能力和经验，所以很难真正地给学生以"传道授业"的指导，就更不用提"解惑"了。

### （三）商务英语教学实训基地利用不当

实践教学是商务英语教学中一个至关重要的环节，而实训基地恰恰是实践教学必备的硬件设施。学生可以通过实训基地这一平台将理论知识运用于社会实践，反复训练并熟练掌握自己的业务技能。很多学校校内设有商务英语实验室、校外有实习基地，但这些实训场所没有达到足够数量，有的也没有得到有效利用。有些实训基地只是流于形式，用于摆设，并没有加以充分利用。因此根本就达不到锻炼实践能力的效果。所以，商务英语专业实践教学模式亟待改进。

## 二、商务英语实践教学模式的改善措施

### （一）增加"案例教学法"和"任务教学法"在商务英语实践教学中的比例

"案例教学法"是美国哈佛商学院 MBA 教学中最成功的教学方法，主要通过描述一个案例，引导学生对案例进行分析、讨论、总结和报告，从而缩短理论学习的世界与真实环境之间的距离，使学生在案例分析中加深对理论知识的理解，并提高自身的分析问题、解决问题、人际协调能力和沟通能力等。"任务教学法"就是把任务作为教学重点，强调"以学生为主体"和"在做中学"。学习者通过任务设置、任务执行和任务总结三个环节实现任务目标，提高自身分析问题、解决问题的能力。不同于传统的"填鸭式"教学法，这两种教学法都是以学生为中心，突出学生在教学实践中的主体地位，从而使学生在完成教师布置的任务过程中及时发现问题、分析问题并能最终解决问题。这两种教学法的优点在于注重实践教学，将理论教学与实践教学结合起来，符合商务英语教学的实践性要求。

## （二）充分发挥多媒体教学的优势

由于商务英语专业所学课程内容和现代国际商务活动密切相关，所以计算机多媒体教学是商务英语实践教学未来发展的方向。校内外虽设有商务实验室和实训基地，但是教师和学生不可能长期在真实的商务环境中操练，因此充分发挥多媒体教学的优势就显得十分重要。教师可以利用网络、多媒体课件等技术把教学变得更加生动、直观、有趣。教师可以设计集文字、视频、图像于一体的内容丰富的多媒体课件，向学生展示一些在线演示课程，比如外贸函电的制作过程、商务谈判的场景等，激发学生的学习兴趣。同时，老师可以在课堂上随时利用网络查阅商务最新动态，和学生一起探讨最新商务话题，拓宽学生的视野，强化对商务前沿的敏感度。

## （三）加强师资队伍建设，着力培养"双师型"教师

商务英语专业人才知识的复合型及能力的应用型，要求教师在"英语语言＋商务技能"方面既具备复合性又有实践性。"双师型"要求教师不但要有扎实的外语语言功底和丰富的商务理论知识，而且要有丰富的实践经验和较强的业务操作能力。目前国内能达到"双师型"要求的教师少之又少，所以大力培养"双师型"教师的任务刻不容缓。可以从以下几个方面入手：

首先，对那些有较强的企业实践能力而理论基础相对薄弱的教师而言，学校要送他们到重点院校进行学习深造。其次，对具有丰富理论知识而缺乏商务实战能力的教师要去企业一线进行顶岗实践，以此来培养他们的商务实战能力并丰富实践经验。再次，要鼓励教师参加国内各种与商务英语相关的学术交流会，扩大视野，丰富自己的教学经验。最后，积极引入具备"双师型"素质的教师，也可以聘请社会实践领域内拥有较高理论知识水平及较强实践操作能力的权威专家和业内资深人士做兼职教师。他们将成为教师队伍的中坚力量，带领广大青年教师不断改进教学薄弱环节，加强实践，最终建立一支结构合理且科学高效的"双师型"教师队伍。

## （四）开展校内实训和校外实习相结合的实践教学活动

教师应充分利用各种教学资源，开展多种形式、多种渠道的实践教学活动，让学生在实践中运用所学知识，提升语言运用能力和业务实践能力。实行校内外相结合的实训教学，是商务英语教学模式改革的重要一环。在培养复合型应用人才的高等教育中，实训教学起到至关重要的作用。实训课程是培养学生商务实战能力最实用、最有效的教学组织形式。实训的目的在于充分发挥和运用商务英语专业学生的个人与集体智慧，锻炼他们在不同商务活动中的应变能力、组织协调能力、实践操作能力及创新能力，同时也通过逼真的模拟实践活动提升学生英语听、说、读、写、译的综合能力，使他们能更好地掌握所学的理论知识并灵活地运用商务知识和技能，以便在未来竞争激烈的职场中做到应对自如。

1. 校内实训

在校内建立专门的商务英语模拟实验室，从中进行《外贸函电》《英文制单实训》《国际贸易实务》等一系列实践操作性很强的商务英语课程。商务英语实验室是学生将所学的理论知识转化为实践操作能力的重要平台。学生可以亲手练习自己所学理论知识，亲身体会商务活动的每一个流程，反复实践并独立解决商务实践中出现的问题。最常见且成本较低的一种商务实践模拟形式就是"商务模拟公司"。"模拟公司"主要设立人力资源部、财务部、采购部、销售部、市场部等多个职能部门。学生可以在每一个部门轮流上岗，体会并熟悉各个岗位的具体职能，达到提前"熟悉业务"的目的。此外，学生还可模拟各种商务活动，比如在会议室，学生可以摆放一张会议桌和多把座椅，开展一些像商务英语谈判、营销策划及高端国际会议之类的活动。学生还可以在办公区模拟如询盘、发盘、还盘等一系列国际贸易的基本流程，第一时间做到学以致用。

2. 校外实训

校外实训是校内商务英语实践教学的延伸。校外实训包括基地实训和实习在岗实训。学校应该充分利用各种社会资源，主动加强和校外企业（特别是一些大型的知名企业）的合作与交流并建立长期、有效的校外实训基地，为学生创造更多的在岗实习机会。教师指导学生进入实训基地实习，帮助翻译商务英语资料如合同、电子邮件等，也可参与实训基地的日常活动，如商务洽谈、外宾接待等。实习结束后，学生要在教师和企业的指导下进行反思和总结，找出不足以便在未来的工作中加以改进。

通过校外实训，学生能够感受真实的商务环境，切实地处理商务活动中存在的问题，培养自己独立分析问题、解决问题的能力，从而巩固自己的专业知识，增加商务实践经验。在岗实习还可以帮助学生及时了解就业市场的动态，培养学生的职业兴趣，理性地确定自己未来的职业意向。这样的实训活动最终的效果就是要让学校培养的人才与商务实际工作岗位的要求实现完全匹配。

## 三、总结

目前很多高校开设了商务英语专业以迎合社会发展的需要，但是商务英语的实践性教学多数还是纸上谈兵，依然存在这样或者那样的问题，比如教学模式的落后、实训基地的匮乏等，不能真正达到预期的实践效果。虽然笔者提出了实践教学模式的改进措施，但对一些高校而言，实现全部改进还存在一定的困难：一方面，加强实训基地建设这一措施中，校内实训若要建立商务实验室，所投入的费用可能对一些条件不好的学校而言有些困难。这样的话，校内实训会打折扣，反而不利于实践教学的开展。另一方面，校外实训需要和校外企业进行合作并建立长期联系，其中也会存在困难。由于商务英语专业实践性教学内容通常会涉及有关企业的商业机密，因此在输送学生实习时，一定要严格要求学生遵守纪律，做到奖罚分明。实习前中后期都应有固定老师对学生负责，进行指导和监督。这样才可能圆满完成实习任务。

总之，商务英语实践性教学的改革和发展会随着经济全球化的进程的深入及中国经济改革的深化而不断进行。要想解决目前实践性教学现状中存在的问题，就要从实践出发，建立合理高效的商务英语专业实践性教学体系，完善商务英语教学课程体系，使实践教学趋于规范化和可操作性，切实提升学生的实践操作能力并强化其商务实战经验，真正为社会的发展输送既具备很强的英语语言运用能力，也具备基本的商务知识及商务实践操作技能的复合型应用人才。

# 第五节　商务英语教学中的跨文化交际能力培养

商务英语是英语语言与商务知识的有机结合，在商务英语教学中，教师需在注重培养学生的语言能力及专业技能的同时，兼顾对学生跨文化交际能力的培养。这是因为在商务英语毕业生工作中，会经常接触到西方文化，因此，跨文化交际能力是商务英语专业学生的必备能力。教师在商务英语教学中，一方面，需使学生学习和掌握国际贸易实务等相关商务知识，熟悉相关操作流程和运作规则。另一方面，教师需着力培养学生跨文化交际能力，从而最终能胜任用英语进行国际商务活动的工作。其实，商务工作的过程实质上是一种交际过程。商务英语的教学目标是培养学生在国际商务环境中用英语进行沟通的能力，培养学生跨文化意识，使学生掌握跨文化交际技能。

## 一、跨文化交际能力培养的必要性

商务英语要求学生能用熟练的英语进行沟通，同时要掌握丰富的国际商务领域知识。但这也不足以成为合格的商务英语人才，因为日后在工作中会接触到来自不同区域、文化背景的人，他们彼此间由于文化的差异所导致的不同思想观念、思维方式、做事方式将影响到商务活动的顺利开展，使双方产生矛盾和误解，这势必会增加合作交流的难度，成为商务交际中的障碍。因此，学习和掌握这些不同的文化差异是顺利开展国际商务活动的基础。教师在英语教学中应更加注重讲解西方社会文化知识包括西方人的思维方式、价值理念、行为方式、生活习惯、合作方式等。商务英语教学不仅要讲授英语语言知识，也需使学生了解国际商务环境并注重语言交际能力的培养。不论是外国人还是中国人，对于在语言上使用的语法错误、用词错误、发音不准确是可以接受的，但对于文化方面的错误却难以接受。国际商务活动中的失败有很多种原因，但缺乏对文化背景差异的理解无疑是主要因素。

## 二、跨文化交际能力的培养手段

为了尽量避免国际商务活动中的误解、矛盾和冲突，保证商务活动有效成功地进行，我们必须采取切实可行的措施，加强商务英语教学中对跨文化交际知识的渗透，可考虑采取如下措施：

首先，根据心理学家弗洛伊德著名的"冰山理论"，学生的交际能力具有显性和隐性两方面特点，学生所掌握的理论知识、跨文化交际过程中体现的各种技能属于显性因素，而对于中西方文化差异性的正确认识，对于两种文化价值观不同的理解是教师培养学生跨文化交际能力经常忽视的，这属于隐性因素。因此，对价值观念的理解是跨文化交际能力培养中予以重视的，教师需要培养学生本土意识的价值观念，学生需加强对本国文化的深刻理念，对母语文化的把握应该更加牢固。与此同时，教师也应培养学生对英语国家文化的兴趣，理解西方国家价值观念，使中西方价值观进行有机融合。

同时，在传统的商务英语教学中，教师主要讲授英语语言知识和国际商务知识，往往会忽视对西方文化背景的讲解和介绍。

因此，授课教师要切实从根本上认识到文化差异引起的冲突和矛盾的危害性以及培养学生跨文化交际能力的重要性。商务英语教师在教学模式上应进行改进。传统的教学模式以教师为主导，教师设计课堂内容、讲解知识、安排学生课堂活动，学生按照教师的要求进行记笔记、记忆知识点，但这样的模式长此以往会使学生觉得乏味，失去对学习的兴趣，缺乏学习的主观能动性，不利于培养学生的创造性、发散式思维。教师应采用以学生为中心的教学模式，使学生成为课堂的主角，学生可充分发挥创造力，教师起到引导者和协调者的作用，只有这样，学生的能力和对学习的兴趣才能提高，学习效果才能增强。在教学模式方面，体验教学模式是跨文化交际能力培养中比较适合的模式。在此种教学模式中，教师要求学生进行课前预习，对材料中涉及的文化背景进行资料收集和深入研究。在课上，教师让学生就其预习的内容进行展示，以小组讨论的形式进行点评和总结，同时讲授课堂材料中的文化知识重点。课后，教师帮助学生对所学内容进行深化总结，教师可布置给学生写作或口头报告任务，使学生通过课后练习巩固所学知识。情境教学法是指教师为学生创设体验情境，辅导学生进行课文的改编、角色的扮演，激发学生的学习兴趣，可借助多媒体技术，运用原版影视材料创设情境，使学生身临其境地体验跨文化交际场景，从而提高能力。在讲授具体内容时，教师应有意识地将文化意识贯穿于整个教学过程之中，比如在精讲文章时，可同时具体介绍一下文章的文化背景，以此增强学生的文化意识。在讲解词汇时，不仅要讲词的意义、用法，还应着重介绍其文化内涵和文化含义。同时，学生仅仅了解目的语文化是远远不够的，与此同时，学生还应掌握本族语言文化。在此基础上，商务英语教学内容还要包括对外交往的礼节礼仪、英美国家的风俗习惯、外商的商务交往习惯、跨文化谈判技巧等知识，注重文化差异在不同语域中的表现。在讲解课堂材料时，对设计中西文化差异，比如宗教信仰、风俗习惯、风土人情、社交礼仪等内容，应着重具体进行讲解，尤其可重点讲解人们在实际跨文化交流过程中经历的文化冲突真实案例。在考评机制方面，应予以适当改革，使闭卷的笔试终结测试加入实践考评的因素，不仅注重理论知识的考核，而且兼顾在学生实践活动中的表现，这样的评价机制会更客观、更科学。对于学生的形成性评价包含课堂表现、出勤、课堂活动参与情况、小组合作学习能力、单元测验、课外作业等。

　　此外，教师可开设文化及跨文化交际方面的讲座，就某个主题进行深入分析，与学生进行探讨，形成良好互动氛围，使学生开阔视野、拓展知识。此外，学校可适时组织各种文化相关的竞赛或大型活动，如英文演讲竞赛、戏剧比赛等，调动学生对文化深入探究的主观能动性，在活动中培养他们的跨文化意识，提高他们的交际能力。同时，也可组织学生进行参观游览、访问，如出国学习访问，很多学校开展了"2+2""3+1"项目，使他们接触社会，增加对异国文化的把握。教师不仅在课堂上进行跨文化交际内容的传授的时间是有限的，同时，教师可考虑开展多渠道多方面的跨文化讲解。首先，教师可考虑引导学生欣赏英语原版影视作品，因为影视作品会从不同的角度体现英语国家社会文化特点，学生通过欣赏，可以更加直观地了解英语国家的生活方式、思维方式及价值观等。课下欣赏后，教师还可以在课堂上采用交际教学法，引导学生进行角色模仿、戏剧表演，甚至还可以进行配音比赛，对于精彩的片段和重要语言点，教师可进行着重讲解，提高学生的综合文化素养。

在教学大纲方面，需要根据商务英语课程特点对现有教学大纲进行重新改革补充，着重补充跨文化商务交际内容，切实拓宽学生跨文化视野。同时兼顾跨文化交际技巧的培养，要使跨文化交际内容与学生所学语言知识紧密结合。同时，大力推行工学结合，突出实践能力培养。人才培养模式可进行相应改革，可推行校企合作，学校可与企业联合建立实习、实训基地，学生可有机会在企业中实习，把所学知识进行实践。真实的商务环境有助于学生增强现场工作能力，了解掌握最新的商务知识和信息，亲身感受跨文化交际的真实场景，使理论与实际进行有机结合，发展创新思维和团队合作精神，提高服务意识，建立良好的人际关系，实践基地为学生提供了社会课堂，具有传统的教师课堂无法企及的优势。

在课程设置方面，学校应考虑从低年级的基础课到高年级的专业课均加入跨文化元素。在低年级的写作、口语课程中，很多是由外籍教师讲授的，这就为学生培养跨文化交际能力提供了很好的机会，学生在与外教的接触中，切身感受了中西方文化的差异，提高了自己的交际能力。同时，在高年级专业课中，应大力加强英美文学、英美国家文化等课程，使学生更深入地了解西方文化。与此同时，教师应鼓励学生利用假期时间丰富自己的实习经验，在外资企业、跨国公司寻找实践机会或到一些大型涉外活动中担任志愿者，通过工作接触真实的跨文化场景，提高自身能力。同时，很多高校开展了赴国外带薪实习项目，或一些短期国外夏令营和游学活动，为学生接触异国文化搭建了平台。

在教学材料选取方面，教师要注重课堂教材的新颖性和实用性，尽量选取具有鲜明代表性的案例分析丰富的实用性教材，使学生在实例的学习中了解西方文化，掌握跨文化交际的技巧。同时，教师还可选取一些信息量丰富，能引起学生兴趣的视频材料在课堂上给学生进行展示，这样的教学资料会激发学生的学习兴趣，有助于学生对课堂知识的理解。同时，在课下，教师要引导学生广泛阅读报纸杂志和时事评论等材料。这样，学生可了解到世界各国商务文化、交际习惯、社交礼仪等。教师还可引导学生观看商务英语和跨文化交际方面的视听材料，不但能丰富学生的商务英语语言文化，拓宽视野，而且有助于加深商务文化的敏感性，培养健康的商务文化意识。教师应着重引导学生阅读大量英美文学作品，文学作品往往是社会文化的产物，阅读文学作品可以间接地丰富人的生活体验，使学生掌握更多的文化知识，而当学生真正与作者的作品产生共鸣时，这种记忆是深刻的。教师也可建立文化学习网站，使学生更加直观地获得知识和信息。

在商务英语教学中，有效使用现代教学及信息技术会促进学生跨文化交际能力的培养。互联网技术的飞速发展，提供了大容量的多媒体资源，充分开阔了商务英语教学的内容和灵活度，可使学生通过视听资源、图标信息等资源多角度、全方位地了解西方社会和文化。同时，在商务英语教学过程中，计算机网络教学使学生能够利用多媒体课件和网络丰富的学习资源进行交流互动，学生仿佛置身于真实的商务环境中，且不受时间、空间的限制。这些现代化教学手段会极大地促进商务英语教学的高效、优质，学生可根据自己学习的需要、兴趣和爱好，自主选择学习内容，不断改进学习方法。除了商务知识外，计算机网络还可为学生提供学习语言的资料，学生可以利用互联网阅读一些在线文献，获取网站上的信息，也可观看在线原声电影、收听英文广播等，以提高商务英语视、听、说、读、写、译的基本技能。总之，综合应用多媒体教学，可以更好地激发学生的学习兴趣，克服传统教学方式单一、被动的缺点。因此，有效使用现代教学及信息技术可以提高教学质量和教学效率，提高学生对学习的兴趣，增加学习的主动性。

人才培养质量的关键在于师资。教学水准的高要求对教师本身的素质也提出了更高标准。教师本身的素质也确实对教学质量起着至关重要的作用。作为教学的引导者，教师不仅要具备深厚的中、英文语言功底，而且要具有丰富的商务及相关学科专业知识。学校应该有计划地为教师提供培训机会，加强学习跨文化交际理论和商务知识，在教学中，进行中外文化比较、中外思想比较，介绍本族语言文化的方方面面，包括社会价值观念、文化信念和民族心理等。比如可考虑推荐有潜力的教师到英语国家高校去进修，或者到中外合资或外商独资企业去考察、学习，以便及时获得跨文化交际的亲身体验。还可以安排教师到企业进行挂职实践，感受真实的商务环境，这样可以使教师对商务理论有更深入的理解。同时，可鼓励教师进行在职进修或攻读硕博学位等。还可以聘请一些国外商务英语专家和商界成功人士对教师进行培训，做专题讲座或学术交流，帮助教师对英语语言文化与商务英语实际应用进行进一步的了解和掌握，提高教师自身的跨文化交际能力和知识水平。此外，也应鼓励教师多参加跨文化交际领域的相关学术研讨会。在科研方面，应加强教师在此领域的研究，从而促进教学方法的完善。师资对于学校教育质量起着决定性作用，学校应建立有效的激励机制，充分调动教师的工作积极性。可以进行物质方面的激励，如奖金、职务晋升等，同时，还可进行精神方面的激励，如进行表彰、树立先进个人模范形象等。只有充分调动教师的工作热情，教学质量才能得以提高。

### 三、结语

跨文化交际能力在国际商务活动中起着至关重要的作用。因此，商务英语教学中应着力培养学生跨文化意识，掌握跨文化交际技能。在教学中，可以从教学模式、教学内容、课程设置、教材选取、师资建设等多方面采取措施培养学生跨文化交际能力，使其成为符合社会需求的国际化商务人才。

## 第六节　商务英语口译课程研究

近年来，随着中外企业的频繁交流，各企业国际化进程加快，社会对既懂商务知识又具备扎实语言功底的口译人才需求迫切。在这种形势下，在商务英语专业中，商务英语口译成为核心课程之一。商务英语口译课程旨在培养全面掌握商务知识，具备良好的语言能力，同时具有较高口译水平的复合型外语人才。具有良好的商务英语口译水平的毕业生大多工作在外资企业、三资企业、国家机关等单位，能胜任商务接待、谈判甚至小型的新闻发布会等工作任务，在国际商务活动中起到纽带和桥梁的作用。因此，商务英语口译课程的教学应结合社会、市场对人才的需求和要求，尽量为学生创设真实的国际商务环境和场景，训练、培养学生口译技能，使学生了解掌握最新的国际商务知识，学习西方文化，提高英语口译水平，培养通识型口译人才。

## 一、对商务英语专业口译人才的基本要求

做商务英语口译工作，首先译员要具备非常扎实的语言功底，因为口译工作需要译员的听力理解，以及快速思维反应多项能力有机结合，只有在语言知识、技能全面综合水平较高的基础上才能完成任务，而这种功底不是一朝一夕可以练就的，需要长期不懈地学习和努力。此外，做商务英语口译不仅需要学好语言知识，还需大量广泛地涉猎其他领域知识，尤其要学习、掌握国际商务类知识，要做一个懂商务、外语好的全才，只学英语、知识面较窄的人是无法成为合格的商务英语口译员的。商务英语词汇专业性较强，语言形式较固定，表达需要正式、规范，口译员在传达信息时一定要明确、清楚。因此，优秀的口译员应该具有渊博的领域知识和良好的口语表达能力。除了掌握商务知识外，商务英语口译人员因为是现场工作人员，需要与外宾进行直接的接触，了解西方文化对商务英语口译人员而言也是必不可少的。语言是文化的载体，口译人员作为两种语言的沟通者，需要掌握中西方文化的不同之处、不同文化背景者的思维差异，确保沟通顺畅进行。同时，译员作为外交使者，也应充分了解不同国家的风俗习惯、宗教信仰，做到有礼有节。除此之外，作为口译人员，还要具备过硬的心理素质和抗压能力，口译工作是现场进行的，译员要反应机敏、迅速，语言表达能力要强，具备独立完成工作任务的能力，因为在现场是无法查阅词典、资料，也无法向旁人寻求帮助的，需要译员具备随机应变的能力，而这需要进行大量的训练和实践，才能全面提高能力和素质。

## 二、商务英语专业口译课程存在的问题

目前，商务英语口译课程仍然存在着不少问题。首先，从教学模式上，目前的口译教学模式大多是教师讲授口译相关理论，教师给出例句进行说明，同时教

师播放提前准备好的录音，组织学生进行口译，教师根据学生的表现进行点评。这样的教学模式仍然以教师为主导，学生只是被动地接受、记录、记忆，在有限的课堂时间内，学生真正锻炼、实践的机会很少，这样的教学模式不太适合突出实践性的口译课程，显得过于单调、交流互动不够，不利于从根本上提高语言技能和口译水平，学生的学习积极性无法有效地调动起来。同时，在教学过程中，教师所教的知识包括一些练习已不符合时代要求，很难在今后的职场实践中应用，而且在实践中遇到的问题也无从解决，只能自己逐渐摸索。这也就说明当前很多高校在商务英语口译课的教学中理论与实践相脱节，没能建立很好的联系，使得学生所学与所用难以对接。特别是在口译课程中，学生仍然过分依赖教师，教师在培养学生自主学习能力方面所做的工作不够，学生很少有机会主动独立地完成某项课题或任务，使得学生的知识结构不完善，也阻碍了专业知识水平的提高。与此同时，口译课程上对现代信息技术的运用不充分，仍然拘泥于传统课堂形式，这样的课堂气氛比较沉闷，学生也觉得索然无味。其次，从课程设置的角度来看，口译课一般一周只开设两课时，在短短的两节课时间里，学生能够发言、交流、互动的时间很少，锻炼时间很短，无法达到口译实践要求。再次，在教材方面，目前市面上内容新颖、丰富，理论、实践相结合的教材非常少，能买到的教材大多内容比较滞后、单调，过于注重理论，实训内容很少，与学生将来工作联系较少，不适合学生水平，缺乏实用性、系统性。最后，在师资队伍方面，目前大多讲授商务英语口译课的教师都是理论化教师，他们的理论基础非常扎实，语言功底很深厚，但他们本身很少具备丰富的口译实践经验，尤其在商务场景中的口译实践就更少了，这会很大程度上影响教学质量和效果，使学生获得的知识偏理论、少实践。而且也有部分教师没有机会接受较专业的口译培训，这导致他们对学生的教授也不专业，对于学生课外指导也相当有限。

## 三、对商务英语专业口译课程的改进建议

针对以上问题，高校及课程教师应采取措施，不断改进。首先，商务英语口译课的教学模式要加以改进。学习口译必须先打好一定的理论基础，因此，商务

英语口译教师在讲授理论知识时要注重实用性。社会上的单位雇主要求员工语言功底好，可以流利地与外宾进行交流并能做好相关翻译工作。语言好是基本要求，先打好坚实的语言基础，也是教师的首要任务。此外，商务英语口译教师需要教授给学生实际的商务知识，如国际贸易惯例、法律、金融等知识，尽量使学生熟悉国际商务活动的操作程序和环节。

在理论讲授的基础上，教师还应注重对学生的实践教学，教师应给学生提供进行实践的机会，在实践活动中，学生可检验自己理论知识的学习，发现自身的问题与不足之处，扩展自己的知识面，在实践中丰富自己的知识，了解口译人员的工作过程和状态，体验口译过程的紧张性和复杂性，并通过积极参与实践活动，找到自己的优势和不足，提高学习的积极性和主观能动性。很多商务英语口译教师采用任务驱动型教学方式，教师为学生设计实际商务任务，安排学生通过完成这些任务，了解商务操作规程，运用所学理论知识使自己的商务口译水平得到提高。教师除了讲授理论知识外，可以设计一些项目作为工作任务，使学生在完成项目的过程中使所学理论与实际工作任务相结合，这就需要教师设计较真实的模拟商务情景，组织学生进入模拟现场进行实践，并根据工作任务的难易程度进行参与、锻炼。

教师可邀请其他专业教师或企业中的实际商务口译人员作为模拟实训的评委，其他学生作为观众，评委和观众可对实践中的学生表现做出客观评价，并对整个实践过程进行记录。这样的商务模拟场景可以激发学生的参与兴趣，使他们较早接触口译实际工作，在模拟的真实情境中，提高口译水平。除课堂上的实践、实训活动以外，教师需引导学生将课堂实践与课外自训相结合，鼓励学生课外进行单独训练或合作训练，比如可以安排学生进行分组训练、进行视译练习，或进行复述所听短文练习后互相帮助检查、纠正。提高学生的口译能力需遵循循序渐进原则，教师需改变固有的单一教学模式，尽量使教学方法灵活多样，提高学生的综合素质。在课堂上，教师可尝试先提供一些翻译素材给学生进行练习，而后，教师可准备一些听写素材通过机器或人工朗读给学生，提高学生的听力并探索适合自己的速记方式。在这个基础上，可组织学生观看一些国际商务活动的视频材料，组织学生进行实时翻译练习，很多教师选用了记者招待会的录像作为学生训练素材，效果良好。

除了对学生进行英语语言、商务知识的教授外，教师还应注重在教学过程中文化的介绍和讲解。作为口译人员，是中外双方直接沟通的使者，因此在接触外宾前，译员需充分了解西方国家的风土人情、风俗习惯、社交礼节，同时尽可能熟悉对方国家的政治制度、法律体系、商务政策等，使沟通能顺畅进行。因此，学生平时应积极通过各种途径了解商务文化，关心国际国内大事，掌握新闻，通过报刊、电视、网络等媒体拓宽自己的知识面，收集有价值信息，为今后实际口译工作打下坚实基础。

在课程考核方面，目前，大部分高校在商务口译课程中实行期末考试制度，考试成绩在全年成绩中占有很大比重。但对于口译这种实践类课程，任课教师需更注重学生平时的表现，将学生平时课堂参与情况、理论知识掌握情况和实践训练表现相结合进行客观且科学的评价。

在教材方面，目前市面上的商务英语口译教材琳琅满目，但大多内容相对滞后，实用性不强，理论讲述为主，不能激发学生的学习兴趣和热情，因此，商务英语口译教师应根据教学经验和学生的实际需求编写教材或课堂补充材料，这需要教师能主动地与企业接触，了解在实际商务活动中需要涉及的内容，来补充教学材料，制订教学计划。

要使商务英语口译课程教学取得成功，师资力量是教学质量的重要保障，教师本身不仅应具备坚实的理论基础，同时也应具有丰富的实践经验。学校应给教师多提供培训机会，教师也应在讲课之余，认真研读专业书籍，参加口译实践活动。口译教师可自行参加各种翻译资格证书考试，以不断提高自己的口译水平。

## 四、结语

商务英语口译课是实用性很强的课程，也是培养复合型外语人才的核心课程，高校和教师应在教学模式、实践训练、考核评估、师资建设等方面进行不断改进和加强，以期培养出优秀的商务英语口译人才。

# 第七节　商务英语专业中的商务英语阅读课程

在近几年高校商务英语专业建设中，商务英语阅读课程是专业中的核心课程之一，是培养合格商务英语人才的必修课。商务英语阅读课区别于其他普通阅读课，它的目的不仅在于提高学生的英语水平，与此同时，要教授给学生很多商务相关知识。例如，学生在阅读材料时会接触到经贸方面的专业术语，这为以后从事国际商务工作打下了良好的基础。鉴于商务英语阅读课的重要性和特殊性，商务英语阅读课教师应不断探索和改进教学模式，使学生不仅增强了阅读理解能力，同时还获取了丰富的商务知识。

## 一、商务英语专业阅读课程的特点和现状

在英语专业中，阅读课是非常重要的专业基础课，阅读课的教学材料往往是英美文学作品，教师引导学生在阅读中学习新的词汇、语言知识，从而增强阅读理解能力，提高阅读理解速度。但商务英语阅读具有一定的专业性，在商务英语阅读教学材料中有很多商务专业术语，内容涉及很多行业，这对学生提出了更高的要求。商务英语阅读课的目的不仅使学生提高语言水平和理解能力，同时要使学生学习实用性较强的商务专业知识，教师一方面要指导学生掌握阅读技巧，提高阅读理解能力，增强语感，使实际语言能力得以提高。与此同时，教师通过引导学生阅读材料，学习到更加实用的商务知识，以适应未来社会和职场对学生的要求。因此，在日常教学过程中，教师需要既注重学生阅读能力的提高，又要兼顾学生商务知识的获取。现阶段，商务英语阅读材料主要来源于国外商务报刊或杂志的原版文章。大部分文章的实时性较强，均为最近世界商务活动的纪实，商务专业术语较多，且篇幅一般比较长。这门课程的讲授对象一般为商务英语专业低年级学生，这些学生虽然通过苦读积累了大量的语言知识，但缺乏相关商务专业知识作为基础，同时也没有实践经验，使得学生商务英语阅读能力较欠缺，增

加了对商务文章的理解难度。目前，我国对高层次复合型商务英语专业人才的需求数量越来越大，但毕业生要么具备较高的外语水平，但对商务知识了解很少；要么只具有良好的商务知识基础，但外语水平有待提高。因此，商务英语专业若想培养出"商务＋外语"的复合型人才，必须加强商务英语阅读课程建设，才能为国家培养更优秀的高素质复合型商务英语人才。

## 二、对商务英语专业口译课程的改进建议

从学生角度来讲，很多学生由于刚刚进入大学学习语言专业，还没有找到适合自己的学习方法，而是大多沿用高中时代的方法，一部分学生仍然存在一些不良的阅读习惯，比如在阅读文章时，必须逐字逐句读，一遇到生词马上要查词典等，这些习惯在大学商务英语阅读课的学习中应予以调整。同时，大部分学生在平时努力积累词汇，但对于商务英语阅读文章中的专业词汇掌握不多，有的单词的平常含义学生均能掌握，但在商务环境中的专业意思却无法掌握，再加上商务文章一般句式和语法结构比较复杂，也成为学生遇到的一大问题。与此同时，学生在阅读课上不仅要理解语言表面的含义，更应读懂语言背后深层次的内容意思，理解所涉及的商务知识，因此，商务知识基础也是学生面临的一大挑战。从教师角度来讲，在教学方法上，教师的方法有时过于保守，在阅读课上只是着重讲解生词，分析句法，或进行段落、篇章翻译，在教学过程中，以教师讲授为主，学生只是被动地接受、记忆。这样以教师为中心的课堂模式不利于学生阅读能力的提高。此外，教师大多注重教材的内容讲授，没有引导学生进行课外的阅读学习，这不利于学生开阔视野和阅读能力的实质性增强。另外，教材也是影响课程质量的关键。目前，国内有不少商务英语阅读类教材，但内容比较滞后，形式比较单一，无法引起学生学习兴趣，不利于培养学生的阅读技能。

在教学方法方面，教师应在教学中注重不同教学方法的灵活应用。传统的教学模式是以教师为中心的，教师在课堂上扮演主要角色，教师讲授知识，具有一定的权威性，学生只是被动地接受知识，缺乏主观能动性。教师应转变教学理念，应以学生为中心，使学生成为课堂的主人，充分调动学生的积极性，教师的角色

不再是知识的灌输者,而应成为引导者和促进者。教师在教学过程中,首先要培养学生在课前进行相关资料搜集、学习的预习习惯,学生对课上即将要讨论的相关篇章话题进行深入理解,通过图书馆、网络等资源进行相关信息的搜集、学习,尤其对课文所涉及的商务专业知识进行自主学习,并在自学过程中善于找出问题,记录下不理解的内容,这样可以培养学生良好的课前预习习惯,使他们的自学能力得以提高,使学生变被动为主动,充分调动学习的积极性。在课堂上,教师扮演协调者的角色,可充分运用头脑风暴法,就某篇课文中的相关内容进行讨论,探讨不同的理解和看法,不仅探讨英语语言知识,同时也沟通对商务专业知识的理解。这样的讨论环节可以使学生对知识加深印象。与此同时,教师可组织学生对商务阅读材料中的案例进行模拟角色扮演,教师尽可能为学生创设真实的商务情境,比如组织学生模拟商务谈判,学生扮演不同的角色,使学生把所学知识进行实践应用,学会真实的商务操作知识,并培养自己用英语语言思维及国际化视角去思考问题、处理问题,这样的教学模式可使学生身临其境,更有效地调动他们的学习兴趣。课后,教师仍需引导学生整理自己的思路,总结所学,并及时记录自己的理解和体会,这样长期下来,学生会形成自主归纳总结的能力,提高他们对问题的分析能力,使他们终身受益。除了课堂教学以外,学校和教师应同时注重实践性教学,首先,学校和院系可考虑建设商务英语实验室,创设商务运作情景,使学生在实验室进行训练,对所学理论知识进行检验,学会处理不同的商务问题。其次,学校可与企业、酒店、商场等单位联系,建立学生实训基地,使这些单位成为学生的第二课堂,学生在实训过程中,进入社会,感受真实商务环境,接触商务工作各环节,使理论与实践有机结合。最后,学校可组织学生进行模拟公司运作的创业大赛,使学生在比赛中通过相互的交流互相取长补短,取得对知识认识和理解上的深入与进步。

除了教学模式,在教学内容方面,教师也应予以改进。教师不仅应讲授课文中的生词、句法,也应教授学生阅读文章的技巧,提高阅读能力。教师应指导学生在阅读过程中,把握全篇重点,理解全文主旨、大意,比如先阅读首尾段了解主旨,在阅读每段之前,先找出主题句,从而使学生掌握阅读策略,在加强英语阅读技巧讲授的同时,教师应始终关注商务知识的讲解。比如在有些商务英语文章中会涉及一些经济方面的时事,这些文章需要学生首先具备一些商务方面的基础知识才能读懂。因此，在商务英语阅读课的教学中，除了语言知识，一定要同时加强商务背景知识的讲授，才能使学生提高商务英语阅读的实际水平。对于一些商务专业术语、词汇，在教学过程中，教师要引导学生进行积累和整理，让学生的专业词汇量在阅读中不断扩大。另外，在商务英语教学中，要加强培养学生的听、说、读、写能力，同时，也应在阅读英文原版商务文章的过程中，了解西方文化、西方商务操作规程，注重跨文化知识的传授与跨文化交际能力的培养，以此培养他们在国际商务环境中的交际能力和技巧。

在商务英语阅读的教学过程中，教师还应充分运用多媒体资源进行辅助教学，以活跃课堂气氛，增强教学效果，比如可为学生展示大量的文本、图片，播放新颖的视频材料，为学生提供真实的语言学习环境，教师可自制多种多样的电子课件让学生进行补充练习，指导学生记忆词汇等。同时，教师也可利用网络进行模拟公司的运作和操练，使学生能有更真实的体验。

另外，教材的质量和选择至关重要。目前，市面上的大多商务英语教材内容比较单一、保守，实时性不强，教师应选择内容新颖的、与时俱进的教材，这样可以引起学生的兴趣，充分调动学生的积极性，同时，教师可通过多种途径寻找适合的阅读材料作为补充，以开阔学生的视野。

在师资方面，目前，大多商务英语阅读教师是纯语言专业出身，掌握丰富的语言知识及相关的教学经验，但对商务专业知识却不太了解，掌握得不全面、不深入，这就需要教师不断充实自我，加强商务知识的学习，积极参加相关的培训和进修，成为跨学科教师，做到既懂语言又懂商务，以培养合格的商务英语人才。

## 三、结语

商务英语阅读是商务英语专业中的重要课程，为了提高学生的商务阅读能力，完善他们的知识结构，使他们既掌握英语语言又了解商务知识，学校、教师应在教学模式、教学内容、现代教学技术、教材及师资建设等方面予以改进，以为国家培养出更优秀的商务英语复合型人才。

# 第八节　商务英语翻译课程存在的问题及改进措施

近年来，随着经济的发展，很多企业用人单位对商务英语翻译人才的需求越来越迫切，尤其需要既具有过硬的英汉语言知识、良好的商务英语翻译技能，又具有广博的国际商务领域知识的复合型、应用型商务英语翻译人才。为了满足社会对商务英语翻译人才的需求，不少高校都纷纷开设了商务英语专业，并把商务英语翻译课程作为必修的重要课程。商务英语翻译课程是实用性很强的课程，因此，在课程的讲授过程中，如何使学生既掌握丰富的理论知识，又具备胜任具体工作的实践能力，是商务英语教师面临的首要任务。

## 一、商务英语翻译课程存在的问题

商务英语翻译课程的讲授效果与教学方法密不可分，良好的教学方法会使学生对所学知识的理解更充分、更深刻，但目前，商务英语翻译课程的教学仍偏重应对考试。这样一来，学生的注意力主要集中在掌握考试侧重的内容上，而忽略了对专业知识的整体性把握。在课堂上，教师的授课方式大多仍属于传统型，即以教师为主导，学生被动地接受老师所讲知识。这种陈旧的教学模式，不利于培养学生的发散性思维和创造力，因此，改进教学方法也是当前商务英语翻译课程所面临的一大挑战。

目前，商务英语翻译课程的教学场所仍以普通教室为主，教学环境较单一，而此门课程具有较强的实践性，在讲授中，要尽量将课堂延伸到社会，但社会上能真正接受商务英语翻译的实习单位很少，而且学生在实习过程中的参与程度较低，因此，高校应考虑如何为学生创造更多的实习机会。此外，课程对学生的考核评价也体现了课程的水平，但目前大多数课程的评价方式为闭卷终结性考核测试模式，这种模式势必会导致学生学习上的应试倾向，因此，考核评价机制有待完善，也是商务英语翻译课程面临的问题之一。

课程的讲授离不开教材。大部分教师在教学过程中都按照教材组织教学。商务英语翻译课程作为一门理论与实践相结合的课程，所使用的教材应内容新颖、理论知识全面，且与实践联系具有代表性，但市面上能获得的教材大多内容相对陈旧，不能很好地配合课程讲授，无法提高学生的兴趣，因而教材的选取也是该课程急于解决的问题之一。

课程质量的好与坏，很大程度上与师资水平有关。当前，同时拥有商务英语和翻译背景的教师比较少，商务英语翻译课程教师理论知识较丰富，但大多缺少专业从业经验，这必然会影响教学质量，也会阻碍学生技能的发展，因此，如何培养双师型教师，是商务英语翻译课程面临的又一重要问题。

以上这些问题，是商务英语翻译课程发展过程中亟待解决的，只有解决了这些问题，才能培养出复合型、应用型商务英语翻译人才。

## 二、商务英语翻译课程改进措施

教学理念需要更新。传统的教学模式是教师在课堂上起主导作用，教师负责知识的讲解、课堂内容的设计、课堂活动的组织等，学生则只是听从教师的指挥，将知识点逐一记录和记忆。这样一成不变的课堂角色，使学生觉得学习索然无味，丧失学习动力，只是机械性地应付考试。长此以往，这样的模式肯定会影响课程效果，因此，树立新的教学理念是非常必要的。商务英语翻译课程教学方法，要从传统的教师一言堂，转变为以学生为中心的互动式教学模式，学生在课堂上是主要角色，教师应起到协调、辅助、引导的作用。这样的模式，有利于学生发挥自身的主观能动性，可以更有效地提高其学习效率。

在商务英语翻译课程教学中，能取得较好的教学效果，且可以为大部分高校商务英语专业所借鉴的教学方法主要有任务驱动教学法和案例教学法。

任务驱动教学法是指在教学过程中，教师指导学生以完成一个既定任务为目标，通过积极探索，充分运用资源，彼此间互动协作，以使任务得以完成。任务驱动教学法的核心是任务，教师需充分考虑学生的实际知识水平和心理特征，以创建适当的情境，使学生仿佛置身于真实的商务工作环境中。"做中学"是任务驱动教学法强调的核心,学习者可在执行任务的过程中,充分体验所学语言。同时,任务使教学活动具有明确的目的性,它不是把语言的学习只停留在表面的形式上,而是切实地去解决一个实际问题。这种方式更有利于培养学习者对商务英语的实际应用能力。运用此教学方法时,教师在任务设计上应更注重任务的真实性和具体性。真实的任务,可充分激发学生的兴趣,调动学生的主观能动性,使学生在任务执行过程中提高其自身能力。与此同时,在任务设计时,教师还应注意任务的难易程度。教师在选择商务翻译材料上,应做到贴近实商务需求,难度适宜,使任务具有可操作性。过于复杂的或难度太大的任务,容易使学生无法完成任务并产生挫败感,太过容易的任务又难以调动学生的积极性,使学生缺乏兴趣,难易适度的任务则可使学生通过一定努力得以完成,这样学生才能放手去做,完成任务时,才能体会到成功的乐趣,增强自己的信心。此外,教师对学生执行任务时所采用的不同的方法,应抱着包容开放的态度,不要轻易否定学生的新想法、新提议,应允许学生采用不同的方法完成任务,这样才能培养学生的发散式思维和创新能力。在任务驱动教学法中,教师可采用给学生分组的方式,引导学生执行任务,每组可由三四人构成。小组合作方式可使学生增强合作意识,互相取长补短,交流想法,有利于培养学生的团队精神。教师在教学过程中,应起到引导而非主导作用,及时了解各组进展,做好任务执行过程中的检查和控制,以确保整个教学过程高效有序地进行。在商务英语翻译教学中,适当采用任务驱动教学法,可调动学生的学习主动性,培养其分析问题和解决问题的能力,可有效提高课堂教学效果。

案例教学法必须以传统的与理论教学相结合的方式进行。传统的教学方法教授学生必要的理论知识,案例教学应以理论知识为基础;同时,教师在选择案例的过程中要审慎,考虑周全,结合教学目标进行选择,选取的案例应具有典型性,只有这样,才能使学生举一反三,了解掌握此类案例的解决方法。此外,案例教学法要求教师不仅具有渊博的理论知识,同时还需具备较丰富的实践经验,并能使理论与实践很好地融合在一起。运用案例教学法时,教师要做好充分的课前准备。教师可参阅大量的案例资料,并从中选取具有代表性的案例。教师可将案例材料在课前提前发放给学生，让他们进行预习，对案例涉及的领域和知识点做前期的了解和研究，并找出相应的问题，以便在课堂上进行交流。在课堂上，教师可将全班分成若干小组，让各小组先进行组内讨论，使小组内部形成统一的意见，并找出共同的问题。然后，各小组选派代表进行总结发言，阐明各组观点，提出有待讨论的问题。案例教学法初始运用阶段，教师应和学生一起分析案例，以培养学生分析问题的能力。当经过大量的训练，学生的案例分析能力逐步提高后，教师可逐渐退居旁观者角色，以培养学生独立分析问题的能力。在课堂讨论环节，教师的主要角色是引导者和协调者，应致力于营造积极自由的讨论气氛，同时及时纠正讨论中出现的错误和偏差，但不要将自己的观点强加于学生。案例教学必须注重总结和反馈。教师应及时与学生沟通交际交流的技巧，要求学生撰写书面报告，以培养学生的归纳、整理、总结能力。

在商务英语翻译课程讲授过程中，教师还要努力培养学生的跨文化意识。在课堂教学过程中，教师可根据实践训练材料，深层次挖掘其中蕴含的文化内涵，向学生渗透文化差异性概念，并使学生有意识地比较中西文化差异。文化知识的学习应该是日积月累的，教师可以根据翻译活动，设计补充相关文化知识，并组织课堂活动，设计相关的文化差异讨论活动，这样不但可以激发学生的求知欲，提高他们的兴趣，还能丰富学生的文化知识，促进其翻译水平的提高。教师在教学中，还应充分利用网络及多媒体手段丰富课堂内容，比如可编制电子教案，利用电子课件代替板书，向学生展示搜集到的一些新资料，如音频和视频文件等，这样可以给学生展示一些真实的工作场景，使课堂气氛变得活跃，以进一步激发学生的学习兴趣。当然，除了课堂上的学习外，课下的学习和练习也很重要。教师可组织学生结成学习小组，彼此交流学习经验和方法，以纠正其翻译实践中的错误，这将有助于学生之间形成良好的互助型学习氛围，以激励学生不断进取。对于学生的课后作业，教师应及时批改，指出其不足之处，也可组织学生先在课堂上匿名互评互改，然后再由教师评阅。在这个过程中，学生可通过指出他人作业中的不足，加强其对知识的掌握，可借此培养学生细心耐心的学习态度。另外，教师还可教会学生使用网络翻译软件等翻译工具，培养他们实际运用工具的能力，也可非强制性地建议学生参加翻译资格考试，以提高其实际翻译能力，了解自身不足，从而明确今后努力的方向。

开设商务英语翻译课程的高校，可与企业合作，建立商务英语翻译实践工作室。该工作室集教、学、做于一体，旨在提高学生的翻译实践能力和职业技能。学校接受企业有关商务翻译的项目后，教师可带领学生一起完成。学生可在工作室充分锻炼自己的翻译能力，同时也可借此接触社会实际，有助于增强其对未来职业的自信心。

在课程评价机制上，以往的评价方式多为闭卷终结性考核，它最大的弊端在于只注重结果不注重学习过程。这种评价方式比较表面化，侧重一次性评判结果，无法衡量深层次的学习效果。为了更加客观公正地考量评价学生，在商务英语翻译教学中，教师应采用过程性考核方式，对学生进行多元化评价，可综合学生平时表现和各项学习成绩，将评价纳入整个教学过程之中，以此促进学生努力学习、勇于实践、不断进取。

目前，适用商务英语翻译教学的教材非常少，有鉴于此，教师可考虑根据课程需要和学生实际情况，自主编写适用教材。自编教材可选择当前新颖的实际案例作为实训的部分内容，以使内容更丰富，更加与时俱进。当然，教材也可配套附带 MP3 或光盘等音频、视频支持材料，以供学生课下学习练习使用。与此相应，商务英语翻译课程的教学，需要具备深厚的翻译知识理论和技巧，具有一定国际商务知识背景，以及一定实践经验的教师。理论知识的获得，可以通过进修培训得以加强，但实践经验则很难获得，因此，为了增加教师实践经验的积累，一方面，学校可组织教师到企业实践，参与企业运营过程中的翻译任务；另一方面，学校也可聘请企业中一些具有丰富实践经验的商务翻译人员作为兼职教师，以构建双师结构的教师队伍。

随着中国企业国际化进程的加剧，社会对商务英语翻译人才的需求在不断增加，商务英语翻译教学改革和创新势在必行。高校应在教学方法、校企合作、评价机制、教材建设、师资培养等方面进行适当的改进和创新，以提高教学质量和学生的学习效果；同时，教师应不断加强自身理论学习和实践，钻研符合商务英语翻译教学的新思路、新方法，以培养出更多社会需要的商务英语翻译人才。

# 第四章 商务英语专业课程中的口语教学实践设计

## 第一节 交际技巧实践教学

### 一、交际的定义及教学原则

本节中的"交际"对应的英文是"socialize"或"network",指参与社交活动,与人交流。在交际教学中,教师可以遵循以下原则:

1. 了解学生的真实需求,尤其是他们所面对的交际情景。
2. 通过需求分析了解他们的具体需求。
3. 善用角色扮演,一方面可了解学生水平,另一方面可作为训练。
4. 把学生自身的经验作为案例材料。
5. 对高水平班级可进行拔高训练,如未经准备的即时对话等。
6. 控制角色扮演活动的时间长度,留出时间反馈。
7. 有条件时可以用录像的方式给出反馈。
8. 强调所讲的内容不是最重要的,讲话方式更重要(包括语调、使用的缩略语等)。
9. 提供多种形式的范式及反馈(如视频、音频或文字版对话范式等)。
10. 尽量贴近"真实生活"(可邀请英语为母语的嘉宾教师,可将学生带入英语语言环境中,如外企参观等)。
11. 在讲授技巧之前了解学生已知的技巧。
12. 提醒学生注意"语域"问题(正式用语与非正式用语的区别)及其重要性。

强化此方面的训练环节。

## 二、教学重难点

交际技巧中的教学难点主要集中在特定的场景中，以下是让学生感到头痛的一些情境：

• They forget someone's name.

• They want the other person to call them by their first name.

• They are late for a meeting.

• They want to make the correct response to bad news, showing interest, responding to a suggestion, request, invitation, asking for permission, etc.

• They do not wish to express a preference (e.g.u Would you prefer red or white wine?).

• They have to/want to leave someone who will not stop talking.

• They have to make polite conversation at a party for longer than the first five minutes that are covered in books!

在确定了学生需要掌握的技巧之后，教师可以输入以下语言范式：

• Sorry, I'm hopeless with names! I know your face-please remind me.

• Call me Peter.

• Sorry, I'm late. / Peter sends his apologies that...

• Oh, dear! / I'm sorry for your loss. / Please accept my condolence.

• I don't mind. I'm happy to have what you are having.

• Excuse me, I just spot a person I haven't seen for years.

• Make small talks just don't touch the TABOOS -health, politics, etc.

## 三、教学步骤和教学构成

在实际操作中，有两套步骤来进行交际英语的教学。教师要谨记，预先了解学生的背景（如他们的工作经历以及英语水平），则能制定出更有效的教学方案。

## （一）方法一

1. 教师定义"交际英语"；

2. 必要时教师进行需求分析；

3. 让学生提供他们认为困难的交际场景进行训练／根据上述情况为学生设定场景进行训练；

4. 让学生在不同场景中进行角色扮演（有条件时进行录像）；

5. 教师提供反馈；

6. 教师提供正确的语言范式／学生进行限制性句式训练。

## （二）方法二

1. 教师进行语言输入；

2. 学生进行限制性句式训练；

3. 学生进行限制性角色扮演；

4. 学生进行自由角色扮演；

5. 教师提供反馈。

确定好教学步骤之后，可根据需求设定具体教学内容，为了更贴近实际需求，可选取其中比较具有代表性的四种场景进行任务设计展示：welcoming visitors，small talk，cultural differences，eating out。

# 四、任务设计及材料

## （一）Welcoming Visitors 任务设计

1. 任务一：Role Play-Making a Dialogue Based on the Following Chart

| Visitor introduce yourself. Say you have an appointment with Sandra Bates. Decline-ask if you can use a phone. Decline-you only need the phone. Thank him/her.（a few minutes later）Thank assistant. Ask how far it is to station. Accept offer -suggest a time. | Receptionist welcome visitor. Explain that SB will be here shortly. Offer a drink / refreshments. Say yes /Offer fax as well. Show the visitor to the phone. Reply-offer any other help. Two miles-ten minutes by taxi. Offer to get one. Promise to do that-say that SB is free now. Offer to take him/her to SB's office. |

任务一所展示的是一个公司内部的例行接待程序。从接待方而言，该程序由迎接、提供信息、闲聊和提供帮助组成；从被接待方而言，该程序由抵达、自我介绍、说明来意和请求协助组成。因此，对话双方各有一套可遵循的语言模式，教师可以在提供对话范式之后，让学生进行限制性角色扮演，也可选择在学生进行自由表演之后录像（有条件的情况下），并给出反馈。

2. 任务二：Role Play-A Drunken Night

The Client

You went out to dinner with your supplier last night. You had a very pleasant evening, but you had a little too much to drink and overslept. It is now the next morning and you arc 20 minutes late for a meeting with your supplier. You don't feel terrific.

You took your client out for dinner last night. It was a very enjoyable evening, but he drank a little too much. It is now the next morning. You are waiting for him and he is 20 minutes late.

任务二展示的场景可能没有学生经历过或者将会经历。面对这种尴尬的交际局面，他们的应对策略应该包括：为某事致歉、接受道歉、询问某人情况、感谢某人款待、表示过得很愉快，等等，除了语句之外还需要有正确的语气。教师可以预先提供部分常用语句以供参考。

（二）Small Talk 任务设计

1. 任务一：Net working "Question Quandary"

The following are questions to be asked in a small talk with your client met for the first time. Decide which of the questions are APPROPRIATE, which are INAPPROPRIATE.

| | |
|---|---|
| • Are you married? • Do you have any children? • Do you like your job? • Have you been to this part of the world before? • How long will you be here? • How much do you earn? • How old are you? • I hear your company's about to go bankrupt. Is that right? • Is this your first visit? • What are your qualifications? | • What does that involve? • What do you exactly? • What do you plan to do while you are here? • What do you think of it so far? • What line are you in? • What's your position? • What's your problem? • When did you graduate? • Where are you staying? • Which department are you in? • Which university did you graduate from? |

KEYS：

| | |
|---|---|
| Appropriate Questions • How long will you be here? • What line are you in? • Which department are you in? • What do you do exactly? • What does that involve? • Have you been to this part of the world before? • Is this your first visit? • Where are you staying? • What do you think of it so far? • What do you plan to do while you are here? | Inappropriate Questions • How old are you? • Are you married? • What's your problem? • What's your position? • How much do you earn? • Do you have any children? • What are your qualifications? • Which university did you graduate from? • When did you graduate? • Do you like your job? • I hear your company's about to go bankrupt. Is that right? |

在任务一中，学生要区分哪些问题适合用于初次见面场景中，哪些不适合。分界线在于是否符合社交礼仪（Protocol），以及社交禁忌（Taboo）。安全无害的问题一般为与说话者自身利益、隐私、身份、经历、好恶非紧密相关的问题；反之则为不恰当问题。不恰当的提问，即使是隐晦地涉及对方的禁忌，也被视为不礼貌，可能被拒绝回答，并会为双方的关系带来不利影响。经过实践发现，在学生完成任务之后，教师进行点评时输入社交礼仪的信息，效果要好于任务前输入。

2. 任务二：Keeping the Conversation Going

Randy Hemp from the U. S. is visiting a customer in Taiwan. He is talking to the Production Manager of a manufacturing plant in Taipei. Look at an extract of their conversation. Find out what is wrong with what the production manager says?

Manager：Is this your first visit here?

Hemp：No，in fact the first time I came was for a trade fair. We began our East Asian operations here at the 1999 Exhibition.

Manager：Shall we have a look around the plant before lunch?

任务二将一个交际失误的反例放到学生面前，以引起他们的思考。在教师进行任何形式的输入之前，可以由学生进行头脑风暴（Brain Storming），讨论问题出在哪里。教师可以一位参与者和引导者的身份帮助学生得出 small talk 的正确流程，也算是一个不成文的规定：在某一方提出问题之后，她/他需要对对方的回答做出评价或者提出另一个附加的问题，这才算是一个完整的交流过程。在和学生达成共识之后，教师可以对此任务进行扩展——要求学生进行角色扮演，根据同样场景，表演出更符合交际习惯的对话。

## （三）Cultural Differences 任务设计

任务一：Cross-Cultural Communication

Here are some areas for potential cultural misunderstandings.

A.distance-When talking to people what is comfortable?

B.eye contact -How much of the time do people look directly at each other?

C.gesture-Do people make a lot of facial gestures? How much do they move their arms and hands?

D.greetings goodbyes-Do people shake hands every time? Are there fixed phrases to say?

E.humor is this a good way of relaxing people? Or is it out of place in some contexts?

F.physical contact -How much do people touch each other?

G.presents-When should you give them? When should you open them? What should you say when you receive one?

H.rules of conversation and the role of silence -How long can people be silent before they feel uncomfortable? Is it acceptable to interrupt when others are speaking?

任务一并未设定标准答案，这是一个开放性任务，学习者可以根据已知的信息或者查询到的信息来补充不同民族的交际习惯。此任务更主要的功能是建立认知，让学生在跨国、跨民族、跨文化交际时形成习惯，学习他国习俗，以达到顺畅沟通的目的。

Mime the following situation with your partner and guess each other's cultural conventions.

• You come from a culture where it is rude to look someone in the eye.

• You come from a culture where it is normal to keep at least an arm length between people.

• You come from a culture where you answer "YES" if you think the person wants you to agree with them. Saying "NO" is very impolite.

• You come from a culture where it is normal for you to hold someone's hand when you talk to them.

• You come from a culture where it is normal to move around when you speak to other people.

• You come from a culture where it is normal to examine peopled ears while you talk to them.

• You come from a culture where it is normal to speak very quietly.

• You come from a culture where it is normal to speak very loudly.

• You come from a culture where it is normal to place your hand on peopled shoulders when you talk to them.

任务二是一个有趣的体验练习。学习者被要求一边表演出题卡所要求的"怪异"的民族习惯，一边进行即兴对话，并在对话结束后互相猜对方的习惯。尤其是当表演双方都来自有着奇怪风俗的国度时，如何完成跨文化交际的任务就成了一个挑战。这一任务不仅提升了学生的跨文化交际意识，更考验了她们随机应变的能力。通过课堂实践，发现善用语言和肢体语言沟通的学生更容易被辨识出民族交际特点，而语言表述不够清楚、动作特征不明显的学生则需要花更长的时间才能被辨认出。

## （四）Eating Out 任务设计

任务一：Spoken English

During a meal out with a client or colleague when would you expect to hear the following ? Match the expression with its meaning.

1. What can I get you ?

2. That sounds nice.

3. How's yours?

4. Just a drop, thanks.

5. Its an acquired taste.

6. Nothing to start with, thanks.

7. No, I'm all right, thanks.

8. Don't wait for me.

9. Where's the loo here?

10. This one's on me.

dish.

a. From your description, I think I'm going to like this.

b. Can you tell me where the toilet is?

c. No, thank you. I don't want any (more).

d. I have just a little more wine. thank you.

e. Please start.

f. You must let me pay!

g. What would you like to drink?

h. It's unusual and you may not like it at first.

i. I'll pay.

j. What is your meal like?

k. I don't want a first course, thank you.

任务一的训练重点是语言的理解能力，考查学生是否有能力将意义上近似的两句话关联起来。两种类型的语句，一种正式详细，另一种随意简短。在实际应用中，学生会发现与客户的简单聚餐通常属于较为轻松的场合，用语以后一种类型居多。因此了解这些简化句的内在含义就变得很有必要了。此任务难度不大，主要功能在于帮助学生建立认知（Awareness building）。

任务二：Describing Food

Describing food and drink to someone who doesn't know much about your local cuisine is not always an easy thing to do. What noun from this list will form strong word partnerships with all the words below?

任务二：将餐桌上常用形容词与食物类名词联系起来，让学生在练习中了解词汇之间的搭配关系。学生可以独立完成大半的任务，但在遇到不常用或意思相近的词汇时容易犯错。这是由于他们平时用餐时所涉及的西餐词汇有限，教师可以在讲评中补充说明含义，如果辅以图片则更有助于加深输入效果。

# 第二节　电话技巧实践教学

## 一、商务电话的特性、功能及教学目的

电话是商务沟通中最重要的工具，没有之一。一句老话可以印证这一点——"时间就是金钱"。一个快速的决策可以带来巨大的改变。即使与电邮相比，电话的优势仍然存在。不仅在于用口头语言沟通起来更具亲切感，更有利于搭建人际关系，更在于可以得到及时的回复。这份优势是电邮或其他沟通方式无法企及的。

而电话沟通的劣势也是显而易见的。由于电话双方无法见面，因此得不到任何视觉辅助和肢体语言的提示。换言之，当这些帮助说话者降低相互理解与沟通难度的策略被屏蔽了之后，如何进行有效的互动，如何使与人沟通成为一个愉快的过程，这些将是商务英语电话教学中需要解决的主要问题。

商务电话的功能可以概括为以下几点：传递信息、索要信息、确认信息、安排任务、劝说销售、谈判协商、提供协助以及投诉服务。商务电话教学的目的则是通过训练，帮助学习者提升商务电话中的职业性技巧，包括礼貌用语和常规用语；在训练电话技巧的同时，教师要注意给出优缺点反馈。

## 二、教学重难点

重难点之一：改变通话习惯

多数人在接听电话时习惯使用"Hello"，这种习惯既显得不够热情，同时致电者不得不追问接听者的身份，通话效率会受到影响。教师要帮助学习者改变不良的通话习惯，在通话时使用热情的口吻，表现出对通话的兴趣，可以尝试用以下的话语开始愉快的电话交谈："How nice to hear from you" "It's nice to you're your voice for a change." "This is a nice surprise. Thank you."

重难点之二：学习正确的电话交流方式让学生关注以下电话技巧要点：

1. 使用热情的语气进行通话，要知道很多努力因为话不投机的电话而告吹。
2. 用电话发展人脉，促进理解并建立联系。
3. 在通话时使用友好自然的态度，尽量使用非正式用语。
4. 通话时可变换语调和音高以表现专注。
5. 使用对方的姓名和友好表达方式以表现对致电方的兴趣。
6. 避免使用表现力弱、无用的表达方式，那些方式令人沮丧且会留下不好的印象。
7. 尽力在每一次通话中留下积极印象。
8. 给每位致电者完全的关注，不要插话，也不要敲键盘。
9. 给对方思考的时间，不要不停地说话。
10. 时常关注自己的电话礼仪，并随时做出适当调整。

## 三、教学步骤和教学内容

从教学实践而言，商务电话教学可以从四个方面着手：目的准备、电话流程、礼节训练、语言准备。

步骤一：目的准备阶段，主要是让学习者明确每个商务电话的目的，并对可能发生的情景做好准备。目的类别参见上文商务电话功能。

步骤二：电话流程阶段，也就是商务电话的各个环节。致电者电话环节大致包括：问候—自我介绍—说明通话目的—主要通话内容—反馈要求—结束通话。

作为致电者一方，在通话前应该做好笔记，计划好要说的话、要提出的问题和希望获得的反馈；在通话中要首先表明身份，询问对方是否方便通话，并仔细倾听，说话不要太快，注意语气停顿；在结束通话前可总结要点，并感谢对方合作。

接听者电话环节大致包括：确认身份—主要通话内容—回复致电方要求—结束通话。致电者要熟悉环节，明确目的，善用通话技巧（组织技巧和语言技巧）。作为接听者一方，通话开始时要记得礼貌地致以问候；通话中要注意语气停顿，仔细倾听；结束时要向对方致谢。

在进行本教学步骤时，角色扮演可以作为主要的教学工具，但要注意使用得当，以下是用角色扮演辅助商务电话教学的一些要点：

1.给学习者准备的时间。在学习者接受角色任务时，给他们一定的时间去准备他们的对白。他们可以借此机会组织语言，并有效使用以前学过的知识。

2.背对背练习。由于受教室环境的限制而无法提供真实电话时，可以让学生背对背坐好以模拟真实生活中无法看到对方的情景。

3.进行录像。有可能的情况下可以录下对话，以便学习者稍后进行自我评价。在一对一教学的情况下还可以协助教师给出反馈。

4.给出反馈。在角色扮演过程中，教师应观察整个对话过程，并对常见语言错误进行记录。在表演结束后给出评价。其中一种方法是将所有错误的语句写在黑板上，让学习者找出问题所在，也可以写出部分正确的优秀的句子帮助学习者提升信心。

步骤三：礼节训练阶段，主要训练学习者使用语气的技巧，以有效达到电话沟通的目的。在通话双方不见面的情况下，信息传递的质量很大程度上取决于语气。如表达的清晰程度、有效的反馈、恰当的语调以及适时提供后续协助。

电话礼节中的注意事项：

降低对话干扰/噪声，单词发音要清晰，在有标点符号处暂停，每次表达一个观点；等待反馈，敏锐察觉听者的困惑迹象；必要时进行重复，如果对方没听懂，可选择简单的表达方式进行重复，不要提高音量重复同样的话语；不要以高人一等的语气说话，不要逐字逐句地说，也不要责怪对方听不懂。沟通不畅时可以问"我是不是讲得太快了",而不要说"你是不是觉得太难了";使用客观准确的语言。不要把 fantastic 或者 fabulous 这类形容词挂在嘴边,这样会显得不真实且过分夸张;让别人把话说完,如果抢白对方,可能会漏掉对方话语中的重点,而且显得不够尊重人。

以下是电话礼节中的 Don'ts,常常会让对方感到反感,要注意规避这些行为:

接电话时话语生硬,由于对方来电打断了自己的工作,所以说话时暗示自己遭到了打扰;语言过于正式呆板,这会让对方敬而远之,希望尽快挂断电话;说话中没有停顿,不带喘气地不停地说,既没给自己思考的时间,也没给对方思考的时间;边吃边讲电话,使得说话语音含混不清,对方会很快意识到你不想多说;边讲电话边敲键盘,会让对方很快没了通话兴趣。

步骤四:语言准备阶段,这个步骤相对明晰,主要包括语法、词汇、发音等的正确使用。

在教学中,主要教学内容集中于关键性的沟通技能,还有对学生优缺点的反馈上。确定好教学步骤之后,可根据需求设定具体教学内容,为了更贴近实际需求,本章选取其中比较具有代表性的四种功能进行任务设计展示:role play,language training,telephone manners,solving problems。

## 四、任务设计及材料

### (一) Role Play 任务设计

任务一:Leaving and Taking Messages

Student A:You want to speak to Ms. Braun about your account with her company W&W. If Ms. Braun isn't in the office leave the following information:

1. You name;

2. Telephone number:347-8910(or use your own);

3. Calling about changing conditions of your contract with W&-W;

4. You can be reached until 5 o'clock at the above number. If Ms. Braun calls after

5 o'clock, she should call 458-2416.

Student B: You are a receptionist at W&-W. Student A would like to speak to Ms. Braun, but she is out of the office. Take a message and make sure you get the following information:

1. Name and telephone number-ask student A to spell the surname;

2. Message student A would like to leave for Ms. Braun;

3. How late Ms. Braun can call student A at the given telephone number.

任务一是一个相对简单的电话留言角色扮演，学习者在进行表演前可以预先了解其中常用的表达，并掌握好对话的先后顺序及礼节。容易出现的错误和需要强调的重点包括接听者的第一句应答、交代信息时的必要重复、语句中人称的变换，对话中的语气、语调等。

任务二：Selling Your Product

Student A: You are a salesperson for Red Inc. You are telephoning a client who you think might be interested in buying your new line of office supplies. Discuss the following information with your client:

1. New line of office supplies including: copy-paper, pens, stationary, mouse-pads and white boards.

2. You know the customer hasn't ordered any new products during this last year.

3. Special discount of 15% for orders placed before next Monday.

4. Any order placed before Monday will not only receive the discount, but also have its company logo printed on the products at no extra charge.

Student B: You work in an office and receive at telephone call you're your local office supplier. As a matter of fact, you need some new office supplies so you are definitely interested in what the salesperson has to offer. Talk about the following:

1. New pens stationary and white boards.

2. Do they have any special offers?

3. You would like to place an order for 200 packages of copy paper immediately.

任务二在任务一的基础上有所拔高，将特定目的带入了电话环节。在进行电话推销之前，学习者需要掌握电话推销的步骤及用语，通常的推销步骤分为五个阶段：getting through and introducing yourself—find out about the customer—identify a need or problem—explain features and benefits—close the call。而本任务中电话双方并非第一次合作，因此第 2 步骤可以省略。作为推销的一方，在语气和电话礼仪上也需特别留意，需要灵活应变、主动迎合客户的需求。

## （二）Language Training 任务设计

任务一：Repetition and Clarifying

Do these pairs of sentences mean the same thing or something different？Write（S）same or（D）different.

1. Speak up please. /Speak more loudly，please.（　）

2. Speak more slowly please. /Please hold a moment.（　）

3. I didn't catch that. /I couldn't hear that.（　）

4. I couldn't hear you I'm afraid. /I didn't understand what you mean.（　）

5. Can you read that back to me? /Can you take a message?（　）

6. Let me read that back to you. /Let me just check I've got that.（　）

7. Would you mind repeating that? /Can you call me back?（　）

8. Sorry，you've lost me./I didn't understand you I'm afraid.（　）

任务一的目的是在建立 repetition and clarifying 的语言范式的同时，让学生了解不同句式的细微差别。由于商务电话中非正式的语言使用较多，因此常常出现一些类似俚语的常用表达，如果不能正确理解和快速反应，则很有可能使通话效果大打折扣。

任务二：Hold the Line，Please

Match the following telephone sentences and their responses.（To be cut in pieces）

| A. Let me read that back to you. Your number is 801-6402. | 1. Yes. That's correct. |
|---|---|
| B. When can I reach him? | 2. He'll be in at 10 o'clock. |
| C. Can you hold the line，please? | 3. Certainly，1M1 wait. |

| | |
|---|---|
| D. May I speak to Ms. Wagner, please? | 4. One moment, please. IM1 connect you. |
| E. Who's calling, please? | 5. This is Paula White. |
| F. Thanks for calling. Have a nice day. | 6. Thank you. Goodbye. |
| G. Can you spell your name for me, please? | 7. Certainly. S-C-H-W-A-R-T-Z. |
| H. May I take a message? | 8. Yes, thanks. Could you ask her to ring meat 210-1635? |
| I. Directory enquiries. May I help you? | 9. IM like a London number, please. Ms.Paula White in Kensington. |
| J. Certainly. Your name and number please? | 10. Could you ask him to return my call? |

任务二是常用电话用语问答配对练习。为增添练习的趣味性，教师可将左右对应的问答句打印并裁剪成数张纸条，以小组为单位或者两人同伴为单位进行合作完成。任务的要点在于如何恰当又不失礼节地应对对方的提问。在完成配对练习之后，可以要求学生使用练习中的句型完成一个对话，在符合逻辑的情况下，使用的句型越多越好。

此项任务用于训练学生对礼貌表达的使用。通过练习，大多数学生会意识到他们知道如何说话更礼貌，但却不常使用这些表达方式。这也许是文化差异的一种表现，西方人在商务交流中常常使用更委婉的表达方式，而大多数学生的表达显得较为生硬直接。这种情况在跨文化语境中可能被认为对对方缺乏礼貌和尊重，因此对于电话礼仪的表达方式进行训练和反复复习是非常有必要的。

此项任务将用电话解决问题过程中常用的提问方式及其功能进行了汇总，学生可以全面了解这些提问方式。在任务进行过程中，学生会意识到解决问题的过程实际上是一个善意沟通，平复对方情绪，以共同抵达合理解决方案的过程。You attitude 在这种语境中显得尤为重要，而任何粗暴、不加考虑或者直接拒绝的语句或语气都有可能导致矛盾升级，协商破裂。

# 第三节　演讲技巧实践教学

## 一、演讲的定义、原则及教学目的

演讲是一个将个人的观点或想法与听众沟通的机会。其形式可以是正式的或非正式的，即兴的或有准备的，其听众可以是一个人或一群人。在商务英语环境中，演讲的对象多为上司、新员工、客户、同事以及供应商；演讲的场合可能是媒体见面会、产品上市会、培训课、小组讨论和研讨会，等等。一场有效的演讲应遵循以下五个原则：

1. 结构清晰原则：演讲须有清晰的开头、正文和结尾。
2. 多媒体原则：多媒体视觉工具会有助于听众理解和记忆。
3. 双向沟通原则：若听众有机会积极参与则沟通更有效。
4. 文化敏感原则：记住并留意听众因文化而产生的敏感话题。
5. 记忆原则：人们对最初和最后听到的信息记忆力最佳。

在商务英语的课堂上，演讲教学目的如下：有效地组织演讲的语言和结构，提升演讲技巧以助于对听众产生更大影响，学习演讲的恰当表达，练习演讲并获得优缺点反馈，复习演讲设计以及熟悉视觉工具的使用。

## 二、教学重难点

### （一）重难点一：对听众的了解

演讲的场合多变，既可能是严格规定时间的大会发言，也可能是时间安排松散的培训讲授。而在所有情况下，演讲者都需要面对特定的听众。因此，演讲者对听众的情况进行了解是演讲准备阶段的重要组成部分，以下是一个了解听众情况的列表：

1. 听众的人数有多少？

2. 听众的年龄段怎样？

3. 听众的语言、文化、计算水平如何？

4. 听众的性别分布情况如何？

5. 听众从事什么类型的工作？

6. 听众对演讲者将要讲述的话题是否感兴趣？

7. 听众是因何原因来参与演讲的？

## （二）重难点二：演讲的肢体语言

肢体语言可以帮助提升一个演讲，也可以破坏一个演讲，以下是演讲肢体语言的注意事项：

1. 保持与听众的眼神交流：扫视听众时目光在每个听众脸上停留一秒钟，然后移至下一位听众。不要将注意力仅仅集中于一名至两名听众。

2. 不要面对投影或者屏幕说话：永远保持脸朝听众。

3. 适当的时候微笑，但不要笑得过多。

4. 使用手部动作强调要点。

5. 尽量保持在同一个位置：不要常常走来走去，保持美观的站立姿势。

6. 避免一些言谈举止上的怪癖（下意识地不断重复某种语言或动作），如摇晃身体、玩弄马克笔等。

7. 不要将手插在口袋里。

## （三）重难点三：演讲中的指示性句式

Before I begin IM like to thank...for giving me the chance to talk to you today.

I'm going to talk to you this morning about...

I've divided my presentation into three main parts. First..., second... and finally...

Let's start by looking at.

Okay, that's all I want to say about.

Any questions so far?

Let's move onto...

If you take a look at this next slide, you will see that...

Before going on, I'd just like to mention...

So, to come back to my main point ...

Finally, like to deal with the question of...

So, to sum up, I have talked about...

Right, let's stop there.

If you have any questions, I'd be pleased to answer them.

### （四）重难点四：演讲中的视觉工具描述句式

Now I'd like to show you this graph. It shows...

On the left-hand vertical axis you can see... while the horizontal axis shows ....The three lines show...

What we can see here is a sharp /slight /rapid /steady /dramatic /marked increase（decrease /recover /deterioration）...

Have a look at this . As you can see ...

I'd like to point out

Let me show you something...

To give you the back ground to this...

### （五）重难点五：演讲中的图表变化趋势描述句式

The market advances /gains /rises.

The market declines /falls /loses.

The market booms /is excited /becomes active / brisk.

The market slumps /becomes dull /breaks down.

The market is on the up grade /on an upward trend /tends upward.

The market is on the down grade /tends downward /takes downward.

The market declines /drops /sags.

The market jumps /advances /soars.

## （六）重难点六：回答听众提问

有的演讲者倾向在演讲结束时接受提问，有的倾向在演讲中接受提问。

1. 把提问环节留在最后可能更有助于掌控时间，因为思维不会常常被提问打断。

2. 说话时直面提问者，必要时重复对方问题以便全部听众能听清。

3. 回答问题时可以扫视全场，不要仅看着提问者个人。

4. 将提问环节看作契机而非威胁。

# 三、教学步骤和教学内容

演讲教学可以按照时间划分成三个阶段：准备阶段、进行阶段和结束阶段。以下是三个阶段中分别需要注意的事项。

## （一）演讲准备阶段注意事项

1. 了解听众：人数、身份、参加原因、对演讲话题的了解程度。

2. 了解演讲场地和设备：房间情况、座椅安排、设备情况等。

3. 设计演讲内容及大纲，但不要逐字写下演讲内容。

4. 在上面不是卡片上进行标注。

5. 记住演讲的前五句话。

6. 准备视觉工具：图片、图表、投影、幻灯片，等等。

7. 找朋友或同事当听众彩排演讲（多次训练直到非常熟悉内容）。

## （二）演讲进行阶段注意事项

1. 准时开始，不必等候迟到者。

2. 计划好每个要点花的时间并按计划执行。

3. 不要在某一个点上过度延伸铺开。

4. 不要跑题（讲述与题目无关的事情），除非你有特定目的。

5. 准时结束，不要超时。如果没有时间讲完所有要点和回答提问会使演讲大打折扣。

6. 让坐在房间后部的人能听到演讲，但不要喊叫。不要询问后面的听众是否能听清，应在开始前检查音量。

7. 必要时使用麦克风，但不要将麦克风过于靠近嘴。

8. 无论是否使用麦克风都以平常的语音说话。演讲时不要一直保持同一个音调，要变换语调。

### （三）演讲结束阶段注意事项

1. 重复要点。

2. 在陈述观点时尽量使用不同的词汇和不同的描述方式。

3. 结论要简短且重点突出。

4. 使用一个有力的结尾，用一个短句或者容易记忆的表达方式结束。

5. 用一个连接词或句子来提示听众演讲已进入结束环节。

6. 考虑好总结观点的方式。

7. 结束时给出明确的行动呼吁，便于听众在演讲结束后采取行动。

从教学内容上来讲，演讲稿本身的语言组织和使用是关键。演讲从结构上，可分为介绍、主题和结束及提问。

介绍部分主要涉及：自我介绍和演讲主题介绍、演讲大纲及各部分简介、说明提问环节设置在演讲中还是演讲后。正式演讲在开头时通常要对邀请者致谢，同时也可感谢现场重要来宾，演讲开头部分要能迅速吸引听众的注意力。其功能类似于报刊的标题，一语见地，吸睛程度高。通常的开场方式为讲笑话，列举令人吃惊的数据或者事实，设置困难或者对听众提问等。引起听众共鸣后，演讲者可以用清晰明了的语言引出演讲主题和观点。

主题部分作为演讲的核心部分，要能阐发观点，说服听众。可以引用事实，提供权威信息，使用逻辑性论述并举例验证观点。让听众明确他们会听到几个要点，并在要点转换以及切换至视觉工具时，用明确的提示语来引导听众。视觉工具如投影、幻灯片、白板、活动挂图、视频片段、图片及表图、模型及样品，等等，有助于提升事实或数据展示的效力，令听众产生兴趣，并能更好地说明观点。就演讲者自身而言，视觉工具可以帮助其记忆演讲中的细节，更提升演讲者的专业形象。

结束部分可以用简短的语言对演讲内容进行总结。因为听众对演讲开头和结尾的记忆最为深刻，因此这两个部分是传递最重要信息的关键部分。演讲结束阶段来临时，要用提示语如"in conclusion" "to sum up"等来提醒听众。听众一旦意识到演讲快要结束，他们将会更加集中注意力，此时正是再次解释主要观点的绝佳时机。听众提问环节是演讲的重要组成部分，听众的提问表明了他们对演讲内容的思考。演讲者在回答听众提问时要保持专业性、自制力和对全局的掌控。对于一些难以回答的问题，演讲者可以仔细思考，预先准备答案。接受问题时要首先对提问提出赞许，听不清时可要求提问者重复问题，回答时面对全体听众而非提问者个人，问题过多时要注意控制时间，遇到刁钻问题时也可以用非本人专长领域、此为机密信息等技巧来应对。

## 四、任务设计及材料

### （一）Sign posting 任务设计

任务一：Structuring a Presentation

The following expressions help you to give a clear structure to a presentation. Complete them using the correct preposition.

任务一使用介词短语填空的形式将演讲中常用的展示结构框架的短语列举出来，而在后续的附加练习中强化训练了这些短语的功能，是一项针对性强、实用性高的任务。介词填空任务看似简单，实际操作中学习者完成起来并不轻松，若是不熟悉这些短语，极容易出错。教师可在任务结束后，要求学生以短语造句的方式强化印象。

任务二的设计模式类似于任务一，但是任务量更大，涉及的演讲范畴更广。除了演讲结构以外，添加了演讲过程中起承转合的各个部分，可以说是一个完整演讲稿的缩影。这些典型句式均可作为演讲素材。

### （二）Visual Aids 任务设计

Complete the Presentations

Below you will find an extract from a presentation comparing stock market performance in two European countries. Complete it using the words given in the lists.

本项任务设计以图形趋势描述为主要训练内容。对图形趋势的描述中尤以股票股指变化为代表，如对于不同的变化趋势的描述，如上升、下降、反弹、趋平，等等；对于不同程度变化的描述，如平缓、持续、加速、猛然等。因此，在任务进行时，教师可以补充部分副词或把容词词汇，并辅以 roleplay 训练以巩固成果。

### （三）Cause, effect and purpose 任务设计

A Presentation

Present the graph below. Don't worry about quoting precise dates and figures，but pay particular attention to the language of cause, effect and purpose. The graph has labels to help you.（Useful expressions：thanks to，brought about，gave rise to，can be traced back to，accounts for，owing to，resulted in，is attributable to）

本项任务设计是一个较为复杂的演讲口语训练，难度在于该公司日常运作中的各种运作和事件导致销量变化，训练的重点是如何合理地运用因果关系的描述用语。学习者可能会因为其中曲折过多而产生畏难情绪，此时教师可以降低对数据描述准确性的要求，让学习者将描述中心放在如何使用不同的因果关系表达法来陈述事实。

演讲回答提问环节的一些常用句型。其实那些知道答案的问题是不需要长时间准备的，需要准备的是如果应对那些不恰当、不扣题、非善意、不清晰或者无法回答的问题。这些技巧可以帮助演讲者在保持优雅的同时，合理地避免尴尬。教师可以使用模拟训练来帮助学习者熟悉技巧的使用。

## 第四节　会议技巧实践教学

### 一、会议的特性、类型及教学目的

会议是指一群人聚集在一起为了一个特定的目的而进行的受控制的讨论。在

商务环境中会议的频率较高，一个高效的会议可以成为加速沟通进程的有力工具。会议让一群人同时获得面对面交流的机会，它为分享信息、提出建议、做出决策和获取及时反馈提供了契机。会议的目的通常分为以下几种：协调安排事宜、传播提供信息、获取协助、报告动态/经验、提出观点/不满、建立协作/鼓励士气。

从商务会议组织形式上来划分，可以分为正式会议和非正式会议。正式会议指写入公司章程的、须有法定人数参加方能生效的会议，会议应有正式的会议记录，包括年度大会、法定会议、董事会议等；非正式会议不受上述规定限制，可采用头脑风暴或讨论等形式，不一定需要会议记录，包括管理层会议、部门会议、工作小组会议等。从商务会议的功能性来划分，可以分为简介会、集体讨论会、决策会、问题解决会、委员会会议、公司会议等。

商务会议的教学目的主要有以下几点：

1. 培养会议技巧，提高会议进程效率。
2. 提升掌控会议以及参与会议的技能。
3. 训练在会议上发言。
4. 学习掌控会议和参与会议的恰当表达。
5. 模拟会议练习并获得优缺点反馈。

学习者在进行商务会议培训时的关注要点是会议进程要素、语言要素、模拟训练及反馈。

## 二、教学重难点

### （一）重难点一：设置典型的会议场景

在设置会议场景时要考虑几个问题：谁是主持人？是否需要主持人？主持人的任务是什么？需要与会者做出哪些贡献？会议的目的（讨论、头脑风暴、解决问题、分配任务、做决策、通知信息还是其他）是什么？会议是否正式？是否有严格的议程和时间限制？是否进行会议纪要？谁负责会议纪要？教师在进行会议场景设计时要贴近职业人士的现实需求，常见的正式及非正式会议场景如下：

1. 头脑风暴场景——几个人聚在一起集思广益。
2. 业绩评价场景——老板向某位员工评述后者近期的表现。
3. 商谈场景——两位同事在走廊中交谈。
4. 进度审核场景——小组成员聚集在一起讨论某项目的进展情况。
5. 简介会场景——个人向几个人介绍关于某新项目的情况。

### （二）重难点二：会议议程

会议议程通常在开会前发放给各位参会者以通知会议目的、时间及地点。大多数议程是非正式的，可以通过电邮传送，内容包括会议日期、时间、地点以及主要议题。而在正式会议的议程中，每一项议程都标有编号并附有相关信息，这些议程会被保留在公司档案中。在正式会议中，会议主持人的议程可能会略有不同，她/他的议程中可能包括少量附加的注释以助其主持会议，由于其中变化不大，此处不做详细介绍。以下是一个正式会议议程模板，会议议程是由一系列会议议题组成的。模板中议题的前三项和后两项是常见议题，属于各类会议中都有的普通事项；其他几项为特殊事项，是本次会议中特有的。

### （三）重难点三：会议纪要

会议纪要作为会议的记录，对于参会和缺席的人员都很有必要。会议纪要在开头显著位置记录开会时间、地点、参与人员及主题，在正文中记录各项讨论内容及相应决策或行动要点、相关负责人员。会议纪要通常采用和议程相同的抬头。英文会议纪要在记录过程中使用以过去时态和第三人称为特征的间接引语。以下是针对重难点四中的会议撰写的会议纪要模板。

## 三、教学步骤和教学内容

商务英语教师在准备进行会议教学时可以思考以下几个问题：

### （一）作为教师要考虑哪些因素，以帮助将要参加英语会议的学习者？

在商务会议教学准备阶段，主要考虑的因素包括：学生需求、语言层次、有无工作经验、跨文化因素、肢体语言以及会议的功能（决策会或是情况通报会），等等。

### （二）如何确定学习者的需求范畴？

有两种方式可以了解学习者的需求，一是使用前面第二章介绍的需求分析法，二是列出教学菜单让学习者选择。

### （三）会议具有的哪些特征会影响我们选择的教学材料？

会议具有的一些典型特征是我们在教学中要留意的：会议目的、功能性用语、主持人的任务、主持技巧、会议礼仪、权力关系等。

### （四）为何英语会议对非英语母语人士来说具有挑战性？

1. 对通用语/发音模式的理解存在困难；
2. 对所需词汇掌握不够充分；
3. 不擅长使用功能性用语/修复策略；
4. 不擅长使用恰当的反应性语言（速度上和外交策略上）。

对商务人士而言，高效的会议是帮助公司、部门提升决策效率、通告情况、交换意见以及解决问题的绝好方式。作为会议的参与者，有很多方式可以帮助我们提升参会的效率：

1. 了解会议目的，个人在会议中的任务以及预期要做的工作。

2. 提前阅读所有的文字材料，对自己要提出的建议和意见做出记录。做好幕后工作，与会上演讲的听众交换意见，获得他人在关键问题上的意见，以便在会上积极参与讨论。

3. 会议期间不要默然静坐。要体现你作为会议成员的意义，发表意见并积极参与会议。

4. 不要打断正在说话的人，给每个人发表意见的机会。在恰当的时候，对前面发言者提出表扬后给出自己的观点。如果不同意某一观点，尽量提出建设性意见。

5. 关注会议其他成员的表现并注意倾听。观察他们的肢体语言、手势、眼神交流、动作、微表情以及在会议桌上所有独特细微的变化。

会议主持人是会议的组织者和主导者，他/她的任务完成度会时刻影响会议的进程。主持人的主持步骤及主要任务如下：

1. 获得参会所有人的注意，欢迎并感谢与会所有人，宣布会议开始；

2. 提供会议背景材料，交代会议的目的；

3. 欢迎新成员，接受请假致歉；

4. 对上次会议记录进行回顾检查，并总结上次会议以来已完成的事项；

5. 确认每个人都有一份会议议程和相关文件，介绍会议议程；

6. 宣布会议的各项规定（开始/结束时间、茶歇时间、与会者任务、需要做出的决策等）；

7. 介绍大会发言人；

8. 引导会议讨论，确保所有与会者都能参与会议；

9. 确保进行每项议程，保证会议按既定目标进行（时间、相关性、决策），在有必要时做出解释；

10. 有必要时做出总结，宣布下次会议时间和地点；

11. 感谢与会者，宣布会议结束。

会议主持人是会议的组织者和计时者，他/她应合理分配会议议题时间，保证与会者积极参与，确保讨论切题，按计划做出决议。主持人用到的常规性语言包括：会议开场语、邀请与会者发言、发起投票、会议总结语等。

会议参与者的主要任务是积极参与会议流程，对会议做出应有的贡献（发言或提供建议，参与决策），并按照会议程序监督会议议定程序。会议参与者的常规性语言包括：表明观点（赞成、反对）、打断对方发言、确认信息等。

会议纪要员的主要任务是记录会议时间、地点、参与者以及与会者的发言、讨论要点、达成的意见和将要采取的行动，并在合理的时间内分发会议纪要。

# 第五节　谈判技巧实践教学

## 一、谈判的定义、类型及教学目的

　　谈判是一种特殊类型的会议，其间谈判各方（通常是双方）需要取得对方的同意谈判结果才有效。谈判是与对方协商以获得我方所需的过程。谈判过程中有冲突也有妥协，有强弱不均也有双赢策略。谈判实际上是一种特殊形式的会议。谈判桌上使用的部分语言类似上一节提及的会议用语，而由于谈判被划分为各种特定类型，适用于这些谈判场合的谈判语言则具有更为鲜明的特点。

　　按谈判结果划分，谈判可分为三种类型：双赢谈判、有输赢谈判和独立利益谈判。双赢谈判寻找双方利益共同点，以求同存异的探讨为主。有输赢谈判因谈判双方利益和目的相反或存在矛盾，各自维护己方权益，故而A方获利也被视为B方受损。独立利益谈判中双方无共同利益，各方主要考虑获得对自己最优的谈判结果。

　　按谈判方式划分，谈判也可分为三种类型：艰苦型谈判、平和型谈判以及原则型谈判。艰苦型谈判中各方试图不让步，或者做出极小让步而达到己方目的，目的是"击败"对方，这种谈判方式常导致有输赢的谈判结果。平和型谈判中双方试图通过做出让步以达成协议，平和型谈判者不愿意伤害谈判对手的感情，因而常常很快提出建议，并迅速表示同意。原则型谈判的焦点在于发觉各方立场中的利益，原则型谈判者对事不对人，关注双方获益及协议达成，让谈判双方获得各自的谈判成就，即双赢的谈判结果。

　　商务谈判教学需要达到的几个目的如下：依据进程拓展谈判技能、提升谈判技巧与策略、训练在谈判中陈述信息、学习谈判中的恰当表达方式、进行谈判实训并获得优劣势反馈。

## 二、教学重难点

### （一）重难点一：谈判用语

1. 试探法：善用试探法可以协助谈判进程（试探法指问正确的问题并仔细听取回答），以下为部分试探问题示例：

• What is the situation on production at your plant at the moment?

• What sort of quantities are you looking for?

• What are we looking at in the way of discount?

• What did you have in mind regarding specifications?

• What were you thinking of in terms of delivery dates?

• How important to you is the currency for payment?

2. 发盘与还盘：在一系列的一方发盘与另一方还盘中，双方为达成符合共同利益的协议而努力，以下是一些发盘常用语：

• If you offer more flexible payment conditions，then we will be able to...

• As long as engine performance improves by ten percent，then we can agree to...

• On condition that you deliver 20 engines by May，then we could consider...

• Supposing that you provide good technical support，then we may offer...

• Provided that you supply documentation in Portuguese，then we might offer to...

• Providing that this contract works OK，then we will be able to...

### （二）重难点二：谈判策略

1. 僵局处理：在谈判出现双方各不相让的局面时，则谈判陷入僵局无法往下进行，以下是一些处理策略：

（1）仔细倾听对方的解释，表现尊敬，避免不必要的对峙，不要陷入争执；

（2）克制己方的反击冲动，保持冷静，冷处理对方的攻击性语言；

（3）和对方一起处理僵局。接受对方的批评，使用对峙性较弱的方式重新解说；

（4）强调共同点：针对双方容易达成协议的领域，强调对双方的利益，并说明达不成协议对双方造成的损失；

（5）总结当前已取得的进展，向另一方确认已经达成一致的要点，确定己方没有改变心意；

（6）提出新的双赢选择，或者表示愿意有条件地做出让步，准备获得更少利益以换取对方的妥协；

（7）准确定位谈判障碍或症结——让谈判陷入困难的问题，找出解决方式；

（8）将问题暂时延后，先进行另一个议题然后回归原议题，或者暂时休会，方便双方重新考虑各自的立场；

（9）改变谈判地点，更换谈判者，或引入谈判第三方作为调解者。

2.有效的提问：提问的目的是寻找答案或建立信任。以上两种情况都需要使用得体的语言，可以使用开放性和间接性问题。开放性问题使用how，when，why，which，who等引导词，可以帮助提问者获得更多信息；间接性问题更有礼貌，有助于建立信任。

## 三、教学步骤和教学内容

就一个完整的谈判而言，可以分为以下几个阶段：会面及闲聊、同意议程、陈述并找准立场、讨价还价、阐明立场、达成一致、总结协议。在以上述谈判阶段为基础的教学活动中，教师要对参与谈判双方的人员进行协调安排，安排合适的发言人、决策者以及对等的谈判双方；要对学习者的语言包括语法、词汇和发音提出要求，以获得预期的谈判成果——谈判各方达成一致意见，明确所有条款，各项条款均可执行。

（一）基于以上对谈判阶段、人员、结果和语言的各项要求，教学设计可参考以下步骤：

1.建立兴趣：将教学主题个性化，使用吸引眼球的导入方式；

2.展示常用语：如词语搭配或功能性用语；

3.提供以上语言的练习和训练；

4. 创设活动或搭建平台以助学生表演——角色扮演、模仿表演或同伴练习；

5. 计划好如何有效进行角色扮演，以及如何分配角色，留出足够时间让学生内化所有信息；

6. 进行角色扮演，但要限定时间，确定教师在任务中的作用——尽量保持在后台，让学生更多地练习口语，尽量多地提供口语练习机会；

7. 观察学生的表演，留意他们的语言表达和沟通技巧，记下小错误；

8. 提供反馈（反馈前考虑清楚重点，是流畅性还是准确性，或两者都是）——非反馈重点的部分可不反馈。

（二）基于以上教学步骤，教学主要内容可分为谈判流程、谈判技巧、谈判用语、角色扮演四个方面

谈判要经过一系列阶段，即流程，理解这些流程有助于准备好用语，以下为谈判详细流程列表：

1. 做好准备：确定重点，制定目标，提前思考如何与对方合作。

2. 建立关系：了解对方，理解双方的异同点，建立责任感，为达成双赢局面而努力。

3. 收集信息：了解所需事实、对方情况和需求、潜在解决方案的可行性，以及如果双方未能达成一致可能出现什么情况。

4. 使用信息：在此阶段，谈判者汇集资料，做出陈述，争取己方所期望的谈判结果和解决方式，并最大化阐述己方的需求。

5. 出价：从一方的初始、理想出发点慢慢向实际结果移动的过程。出价是双方各自公开出价，然后在出价基础上向中间立场微调的过程。

6. 完成交易：此阶段的目标是对上阶段达成的协议建立承诺，谈判双方要确认他们已达成交易，并乐意或至少能够接受该结果。

7. 履行协议：决定在双方握手成交、签订协议后各需要做些什么。双方常会发现协议中存在漏洞，要点缺失，或出现情况有变且产生新问题等情况。在早期阶段中不存在的问题在此阶段凸显出来，则交易需要重开，问题需要由仲裁机构或法庭解决。

# 第五章　商务英语专业课程中的写作教学实践设计

## 第一节　函件写作技巧实践教学

### 一、函件的特征、类型及教学目的

本节中所指的函件包含商务信函和电子邮件两种类型，它们同属函件范畴，在写作中使用的语域和格式一致，不同点在于传递方式，一个通过网络传递，另一个通过现实中的邮政系统传递；现实使用中，少量电邮可能更倾向于口语化。函件通常具有互动性，因为写作者常常预期收到回复。这一特征使得函件不同于其他类型的商务写作文体，如合同、报告、会议记录等，这类文件都不需要回复。函件具有多种类型，包括从非正式的电邮到正式的法律合同，乃至解决各类问题的商务函件，如询盘、发盘、订货、致谢、发货、支付、延期、投诉、贷款、求职、保险、安排等。

函件教学的主要目的如下：提升学生的写作技巧，熟悉函件的写作风格，练习函件写作并获得优劣势反馈，尤其要注重语言的精准使用以及有效的沟通技巧方面。

### 二、教学重难点

#### （一）重难点一：信函格式及函件格式中的注意要点

1. 函件使用齐头式格式并全文使用开放式标点；

2. 在函件的每一个组成部分以及段落间使用空行进行分隔；

3. 函件中最大的空当留作写信者签名使用；

4. 将函件事由字母大写并加粗以凸显；

5. 按照四部分构成法行文——包含开头、细节、行动和结尾；

6. 确保函件核心部分的信息逻辑性完整，过渡自然，如有必要，可调整结构；

7. 在开头和结尾处留心用语；

8. 在函件续页的信头部分书写适当标题；

9. 仔细核对自己的函件，考虑行文结构是否恰当；

10. 把自己当成读者阅读函件全文，自问读者收到函件后感受如何。

## （二）重难点二：电邮中的礼节规范

1. 简洁但完整书写电邮事由部分，包括时间、地点、事件等；

2. 除非有必要，否则不要将邮件抄送给每一个人；

3. 将邮件发送给多个互相不认识的收件人时，使用密件抄送；

4. 在第一封邮件中，使用"Ms/Mrs/Mr"称呼对方，如果已相熟，可使用对方名字作为称呼；

5. 邮件能够回复的尽量不要重新另写一封邮件，保留原始信息可保持邮件发展的延续性；

6. 邮件尽量简短，不要超过一屏，免除读者向下翻页的困扰，习惯在手机或其他移动设备上阅读邮件的人常常忽略过长信息；

7. 如果需要对方提供信息或帮助，邮件中要写明；

8. 复杂信息使用电话或面对面沟通的方式传递，不要使用邮件；

9. 不要在邮件中使用大写字母，使用它们的效果相当于对着别人的耳朵大喊大叫，还会增加阅读困难；

10. 按照个人的常规书写习惯使用标点，不要过度使用感叹号；

11. 笑脸符号适合在私人电邮中使用，不适合公务电邮；

12. 不要在邮件中写下不敢在公众场合当面说出或者只敢写在贺卡背面的话语；

13. 不要在办公地点发出私人邮件，因为只要是从办公室发出的，无论内容

177

如何，都会被认为是公司正式邮件；

14. 邮件发出前，进行拼写检查，并再次核对信息。

### （三）重难点三：函件常用语

1. 礼貌用语

Could you please send me...Can you please send me... I would like to order...

I want to order...Please send me your current price list...

Please give us your rates...We would be grateful if you could send us...

We would also appreciate some information on...

2. 讨论最后期限及采取行动

Have you coordinated your team their results yet?

Preveal ready contacted my team and they have just finished their sales figures.

Have you sent in your registration for the conference yet?

Sorry, I haven't written the report yet.

I've already sent the registration form.

We've just received the order.

Did you send in your registration yet?

You Ml have it on your desk by 4 May.

Sorry, but I haven't sent it yet. I'11 do it straight away.

## 三、教学步骤和教学内容

  教师在进行函件教学设计时，需要考虑三个问题：教学内容、写作方法和关注重点。其中教学内容主要包括功能性语句、格式及语域、文体惯例及常用话语。采用的写作方法可以考虑在过程写作法、体裁写作法以及上述两者相结合的方法间选择。成功的函件写作中有四个关注重点：准确、清晰、有效性和客户至上。准确是指了解写作目的及公司需求，达到读者和客户的预期，并保证写作中无错误；清晰是指使用平实的语言，阐述事件时尽量语言简明，结构安排恰当，重点突出；有效性是指正确用词，使用合理排版使函件一目了然，使用恰当文体风格展现个人和公司风貌，优秀的函件能为公司带来机遇；客户至上是指站在客户立场写作，强调客户利益，尽量使用积极主动的用语，避免造成隔阂的用语，避免行话。

从函件形式上来划分，可分为正式函件、中性函件和非正式函件。正式函件是较为老式的函件，提出观点时礼貌谨慎，常规使用固定表达和复杂词汇。语言不带个人感情色彩，非常重视语法和标点的使用。中性函件是职业性沟通中最为常见的函件形式。写作者与读者都以工作效率至上，因此函件语言浅显、清晰且直接。常用短句和缩写式，语言更富有人情味。非正式函件是友人通信中最常见的形式。函件有时极短，内容可包括个人近况及趣闻等。此形式类似口语中的演讲，用词接近日常用语及口语表达，读者也不太会介意语法问题。

完整的函件格式一般包括信头、参考行、封内地址、日期、称呼、事由、正文、结尾敬语、签名和职务、附件等。函件多采取齐头式排版，即信页中各部分内容全都与左边缘齐平，包括日期、封内地址、称呼、段落的开头、结尾敬语和签名等。从上至下成一直线，段落间和各部分间空一行。齐头式排列显得函件外观整洁，同时打字也更快捷。齐头式在行文中常采用开放式标点，即除了信的正文，其他地方的一切句号、逗号等标点都全部省略；在写日期时，日期后面不加序数词；写姓名和缩写时，中间不加句号和缩写符，每行之间不要用逗号；在开头称呼和结尾敬语中没有标点符号。

函件的正文可以大致分为四个部分，也叫 four-point plan：开头（opening or introduction）、细节（details）、行动（action）、结尾（close）。邮件的开头在第一自然段，可以提及之前的会面或沟通，如收到的函件等。如若不然，则需介绍函件的主题及所要讨论的内容。关键事实和数据部分。在此部分，写作者以符合逻辑的方式提供信息，在必要的地方分隔段落，确保将全部要点以逻辑的方式呈现。行动是写作者告诉读者希望其收到信息后采取何种行动，或是在提出所有要点之后告知读者自己将要采取的行动的部分。

## 四、任务设计及材料

### （一）任务一：Four-Point Plan

Study the following expressions and decide in which part of a business letter you might find them. Write 1，2，3 or 4 using the four-point plan as your guide.

1. Thank you for your letter of 4 August regarding Miss Tania Kaur is application for a post in your company.

2. I hope to hear from you soon.

3. Please let me know as soon as the order is ready for collection.

4. I am pleased to inform you that our Crown Prince Suite is available on these dates.

5. Our latest catalogue is enclosed.

6. Our prices for the goods you require are as follows.

7. Thank you for any assistance you are able to provide.

8. Your company has been recommended to me by my colleague，Janine Chew.

9. I hope to see you at the conference next month.

任务一将函件正文四部分结构贯穿在练习中，因为每个部分各有特定的功能，在信函中起到起承转合的作用，学生要熟悉这些功能性语句及其在文中的相对位置，写作起来才能游刃有余。在教学实践中，学生对细节和行动这两部分的语句界限把握得不是很清楚，教师可强调。行动包括要求对方采取的行动和自己将要采取的行动两方面。

### （二）任务二：Email/Snail Mail Style Guide Answer the following questions with brief words.

1. Your letter begins with "Dear Sir"——How do you sign off?（Yours faith fully）

2. Emails often have no addressee——simply a message. True/ False?（True）

3. You must always indent the first line of your letter.（No）

4. You are writing to a female contact for the first time. Which title do you use in

the first line of the envelope？（"Ms" or "Mrs"——if you are sure she is married. Never "Miss"！）

5. You are not sure if your new contact is male or female——How do you begin your letter?（"Dear Sir or Madam"）

6. You are including an important document you're your letter. What do you write at the bottom of the letter to indicate you have done this?（end.）

任务二是一个认知培养型任务，在一系列的问题中融入了函件中称呼、标点、附件、格式、结尾敬语、首尾对应关系等综合性内容。任务可以采取同伴讨论或小组讨论后回答的形式。学生在回答这些问题的时候，可能会遇到举棋不定的地方，教师可以抓住机会强化正确的文体风格，能辅以例子说明效果会更好。这一教学方式效果优于单调地列举函件文体风格要素。

## （三）任务三：Formal Informal

How you write an E-mail largely depends on who you are writing to，but，in general，a friendly，neutral style will work best neither too formal nor too familiar. Avoid unnecessary acronyms，abbreviations and slang which may confuse or sound silly. Underline the best option in each section of the email below.

任务三是对电邮行文正式程度的选择，在进行之前，学生从题干中可以做出判断，即既不过于文绉绉，又不使用过多俚语的行文是最能为电邮读者所接受的。在这一理解的基础上，学生能较准确判断出三种句式当中最合适的那一个。而这种平行对比的形式，让学生有了更为直观的感受，这一强化的印象可以帮助他们在写作实践中更好地把握住"度"。

## （四）任务四：Rearrange the Letter

Rearrange the parts of a business letter. Decide the correct order and rewrite the letter correctly for your files.

任务四是一个标准信函的排序练习。在熟悉了信函完整格式之后，学生会很容易区分出信头和封内地址、称呼和结尾敬语、发件人姓名和职位这些显而易见的项目和它们所在的位置，但是对于抄送、事由、日期、发件人姓名缩写等不常见于中文信函，或者与中文信函格式有所区别的项目会出现一些混淆和错误。教师可以在核对答案后，举出一个实例再次重申顺序，以加深印象。

## 第二节 报告写作技巧实践教学

### 一、报告的定义、类型及教学目的

报告是向读者告知某项调查结果的文件（调查类型包括研究、技术检验、来访、可行性报告等）。报告广泛适用于经营管理的各个领域，可用于对政策的宣布、解释或建议。报告有助于采取某种做法，制定某项举措，引进全新方式或开发全新经营模式。

按功能划分，报告可分为常规报告和特殊报告。常规报告包括销售代表客户回访报告、部门经理日常工作报告、设备及维护报告、进度报告、安全报告和事故报告等。特殊报告包括指定信息的报告、调研后的指定主题报告、关于政策调整的报告和市场调查报告等。按格式划分，报告可分为正式报告和非正式报告。正式报告常由委员会或一群人经仔细调研后共同起草。非正式报告则既可采取正式报告的格式，也可采取备忘录的格式撰写。除此之外，还有一种特殊形式的报告称为proposa建议书）。建议书的目的在于提出观点，说服读者，通常会包含分析问题、提出解决途径、建议具体解决方法等几个部分。

报告教学的主要目的如下：提升学生的写作技巧，熟悉报告的写作风格，练习报告写作并获得优劣势反馈，尤其注重语言的精准使用以及有效的沟通技巧方面。

## 二、教学重难点

### （一）重难点一：报告写作要点

1. 摆出事实：报告要将经过调查研究而得到的一系列事实铺陈出来，便于让相关人员在此基础上做出决策。因此报告要完整陈述相关事实，不可遗漏，并删除无关事实。

2. 客观陈述：除非有特别要求，否则报告中不要掺杂个人喜好和观点，作者要把自己当作一台照相机，忠实地记录收集到的事实。

3. 注意逻辑：将调查结果部分分列小标题，使用数字顺序隔开。如何对材料进行分类取决于写作要求和报告主题。

4. 保持连贯：确保同一系列的所有句子遵循同样的语法形式。同样，确保在报告通篇中使用一致的空格形式，且大小标题有序排列。对这一细节的关注将使该报告结构清晰，印象深刻。

5. 简明扼要：避免长篇大论的解释，写作始终紧扣主题。检查所有信息的准确性和所有说理的有效性。

6. 清晰明了：使用简单易读的方式进行写作和排版，这会让读者更易于理解报告内容。

### （二）重难点二：正式报告格式

To investigate complaints about poor service and food provided in the staff restaurant and to make recommendations, as requested by Mr Michael Lee, Administration Director, on 14 April, 20XX.

1. An interview was held with Mrs Alice Newton Restaurant Manageress on 15 April.

2. Interviews were held with a cross-section of Staff（48）who used the restaurant between 15 and 20 April.

3. The food available is shown on the attached schedule. 60% of the staff

interviewed said they would prefer some cold meals to be provided. They said they may make alternative lunch arrangements if the variety did not improve.

4. 70% of staff took lunch from 1200 to 1300 hours as opposed to 30% from 1300 to 1400. This resulted in large queues forming at the first lunch sitting.

5. There are insufficient assistants to cope with the preparation of food in the morning and with the popular first lunch sitting.

6. The present equipment is insufficient.

7. The selection of meals is not wide enough to clear for staff requirements.

8. The ratio of staff to each sitting is not balanced.

（1）Company's name and report title（be specific）.

（2）Who asked for the report? What was requested? When was it requested?

（3）List the steps taken to gather the information（pasttense）.

（4）Present the information obtained through heach step mentioned in "Procedure".

（5）Use numbered points and sub-heading for clarity.

（6）What are the logical implications from the "Findings"?

（7）What action do you suggest should be Taken, based on Findings and Conclusions?

（8）Leave a space for the writer to sign.

（9）Name and title of writer.

（10）Reference and date.

## 三、教学步骤和教学内容

在报告写作前、写作时和写作后，学生可以进行一系列的计划、核对和反思活动。在写作前，学生可以仔细阅读报告撰写要求，了解事件全貌及相关背景材料，知晓报告阅读者身份，斟酌如何恰当行文，是否需要分析事件以及如何提出建议。在写作时，学生首先要写出报告提纲，行文时常思考如何提升报告的有效性，区分好必要内容、可选内容及非必要内容。在写作后，检查行文逻辑和观念，检查语言错误包括拼写和语法，呈递报告后留意报告成效和阅读者反馈。

## （一）报告写作特点如下

1. 商务报告的目的在于协助企业做出决策和解决问题；
2. 建议书目的在于提出观点和说服读者接受该观点；
3. 报告写作采用第三人称和间接引语；
4. 用公正、不偏不倚的态度陈述事实和信息；
5. 使用小标题对信息进行逻辑性分类；
6. 在报告开头说明采取哪些步骤收集信息；
7. 报告的结论建立在报告正文中的事实基础上；
8. 根据要求提供建议。

## （二）商务报告无论目的和长短都需要以下三种能力

清晰客观地记录事实的能力、理解信息做出结论的能力以及提出建议改善状况的能力，正式报告通常分为标题、事由、背景/调查流程、调查结果、结论、建议和结束几个部分，但在不同的写作要求和重点下，报告内容也会出现一些变化。如果报告属于讨论对某一事件的优劣并提出建议的类型，则主体内容可能包括事由、优势、劣势、结论、建议几部分；如果报告属于分析客户反馈并提出建议的类型，则主体内容可能包括事由、服务标准、设施情况、就餐场所、结论、建议几部分。报告常使用固定的格式，便于读者迅速定位至自己感兴趣的部分进行阅读，同时在使用该报告参与会议或讨论时，也容易快速找到相关要点。下面以完整的正式报告为例，介绍其中各部分的功能：

1. 标题——公司名称及报告内容标题，通常以 Reportion 开头；
2. 事由——说明报告写作的原因、要求、阅读对象等；
3. 调查流程——简要描述收集信息时采用的方法，如是否采用访谈、拜访、问卷等形式，可使用数字编号；

4. 调查报告中最长的部分，按照流程顺序进行详细阐述，可使用数字编号和小标题，在每个小标题后说明本阶段收集了哪些材料；

5. 结论——此部分无须陈述新的事实，只需依据事实阐述其中的逻辑含义，从事实中得出结论；

6. 建议——根据在事实和结论中陈述的信息，提出行动建议，但报告作者并非决策者她/他只能建议采取何种行动；

7. 结束——报告结尾处要签名，包括作者姓名、职位及写作时间。

（三）在课堂教学中，教师可以选择不同类型的教学活动来辅助报告写作技巧训练，以下推荐的四种活动不需要教师进行长时间的准备，却能达到较好的训练目的

1. 填空训练——将一篇完整报告中的重要段落（如事由或总结）的小标题和关键词去掉，让学生填空。难度较低的填空方式是教师提供打乱顺序的原文用词给学生选择，难度较高的方式是让学生自己总结和联系上下文填空。

2. 总结训练——让学生阅读一篇报告并写出一段 200 词的概要。

3. 比较训练从网上找来不同版本的报告，要求学生对两者进行多方面比较（如整体结构、事由及总结用词等）。训练结束前让学生选取 10 个他们认为可用于自己报告写作中的词组。

4. 由口述改写报告的训练——让一位学生讲述自己亲历的某一事件（如事故、访问或新品推介，等等），其他同学一边提问，一边做记录，然后根据这一事件写出一个简短的报告。最后，学习小组成员相互比较报告，并合作完成一篇较高质量的小组报告。

在教学内容方面，为了更贴近实际需求，本章选取其中比较具有代表性的四种类型进行任务设计展示：report structure，key phrases，linking words，rearrange a report。

## 四、任务设计及材料

### （一）任务一：Report Structure

Match the different sections of a report（1-5）with their definitions（a-e）.

1. Introduction

2. Background

3. Findings

4. Conclusion

5. Recommendations

a. The "body" of the report：a presentation of arguments and evidence.

b. The subject of the report：who asked for it，why it has been written.

c. Practical suggestions for action，often written as a list or bullet points.

d. The context：what has happened up to now and the general situation.

e. A judgment or decision based on the discussion in the "body".

任务一是一个较为容易的被告基础结构认知训练，用以检测学生对报告正文各组成部分的顺序、功能的了解程度。难度上低于排序训练和上一节提到的填空训练，适合第一次接触报告文体的学生使用。实际操作中，可以以此训练为预热，随后导入排序训练，能更有效、更迅速地帮助学生熟悉报告的结构和内容。

### （二）任务二：Key Phrases

Match the beginning of the sentences（1-12）with the endings（a-1）.

任务二是一个报告常用语训练，这个训练侧重于报告中介词和从句的使用。由于大多为基本句式，且前后句之间的关联性较为明显，有一定报告阅读和写作基础的学生不会感到十分困难。训练的后半部分要求将常用句式按功能划分至报告的不同部分，可帮助学生更明确常用句式的使用方法。有了这些骨架和筋腱的支撑，下一步就可以进行写作方法训练了。

## （三）任务三：Linking Words

When writing a report it is important to connect your ideas logically and effectively, but without always using the same words and phrases. Match the groups of conjunctions and connectors (1-8) to their uses (a-f). Some uses can be matched to more than one group.

任务三以连接词为主要训练对象，看似简单的连接词列举和分类练习，实际提供了多种词汇和句式变换的选择。对中级语言水平的学生而言，他们的写作瓶颈不是不理解连接词的用法，而是不擅长使用，或者重复使用。因此，这个训练的附加作用是增加学生的连接词储备，让他们能在写作中积极调动更丰富的句式和用词，从而提升文章的可读性。

## （四）任务四：Re-arrangea Report

Here are the terms of reference and procedure, for a report, together with cut-up sections of the rest of the report. Rewrite the report correctly you're your files. You will need to compose appropriate headings, sub-headings and numbering. Sign the report as if you have written it, and decide on a suitable title. Don't forget to include an appropriate reference and date at the foot.

To report on the unrest amongst factory workers and make recommendations, as requested by Mr Richard Fish, Works Manager, on 21 April 2014.

任务四是一个综合技能排序训练。这一训练的难度在于，训练节选了报告中的精华部分——调查结果、结论和建议作为主题，仅提供了背景和调查过程，在无标题、无其他提示的情况下，学生需要从多达11个句子中找出逻辑和句子间细微的联系，然后重塑整个报告。这一训练可放在报告写作学习的后期，在学生阅读了多篇报告，并有了一两次写作经验以后再进行。训练的目的在于逻辑性。由于句子间连接词的缺失，学生需要自行补充小标题和连接词，才能形成完整的报告。任务的进行可以采取小组讨论与合作的形式，可能会出现不同的排序版本，但原则上，句子间的相关性、最终的报告与提示部分的契合度将作为主要的判断标准。

# 第三节　备忘录写作技巧实践教学

## 一、备忘录的功能及特点

备忘录英文为 memo，是拉丁词语 memorandum 的缩写形式，属于企业内部沟通形式之一，用于员工之间的信息交换，或者企业对员工通知新策或新流程等。备忘录可以打印出来张贴在公告板上供全体员工阅读，也可通过公司内网进行电邮传播。从功能上细分，备忘录可以分为以下四种类型：通知新决策/新行动、提醒某人采取行动、提供某种形式的信息及要求做出决策/行为。备忘录用语较报告和信函而言显得非正式一些，常常以直接的语气传递信息，文中可出现 I'll, I'd 等缩写形式，格式上可省略称谓和结尾敬语。在篇幅较长的情况下，可使用小结和要点符号辅助组织信息。

## 二、教学重难点

### （一）重难点一：备忘录中的标题

其中，备忘录信头中的标题和正文中的小标题是读者的航标，它们可以从多方面帮助读者：

1. 标题是主题间转换的可转化提示，它们帮助读者理解各部分的关联性；

2. 信息度高的标题可引起读者注意，也可有助于读者快速找到他们感兴趣的段落；

3. 标题向读者展示行文的逻辑，将相关信息关联到一起，并把各个事件组织成短小的段落。

### （二）重难点二：写作目的常用句式

We refer to your memo dated May 23，20XX，regarding the organization update.

Attached, as requested, is an updated training record for our trainees.

It has been noticed that some employees are still smoking in the main office.

Allsupervisorswillmeet June3, 20XX, at10: 00 a.m. to work out the annual operating budgets for all departments.

### （三）重难点三：备忘录结尾的常用句式——要求对方做出配合行为

Your feed back on the attached proposal by May 10 would be appreciated.

Please contact me if you require further information.

Your cooperation in this regard is appreciated.

I would appreciate your comments on this matter by March 20, 20XX.

I Look forward to receiving your approval on this matter.

### （四）重难点四：细节写作建议

以下是一些备忘录写作中容易忽视的细节，留意使用则可事半功倍：

1. 写作前列一个大纲，将写作要点按逻辑顺序排列。

2. 段落之间空行，可有助于读者理清行文思路。

3. 使用不同的展示形式，如图形、列表等以提升文本的可读性。

4. 对不同事件标号以明确顺序，协助理解。

5. 初学者可在写作完成后找人试读，以确保信息不被误解。

6. 写作保持非正式风格，类似交谈的语气。

在进行企业政策性通告写作时，可注意以下要点：

7. 在写给员工的备忘录中点明收件者所受到的影响。

8. 点明该政策开始实施的时间。

9. 明确受影响者被影响的方面。

10. 阐明对方需要采取的行动。

11. 若担心备忘录中有些要点被误解，可指定相关行政人员或部门经理负责答疑。

备忘录中要点列表的功用（在要点较多时宜用数字列表，较少时用黑点即可）：

12. 帮助作者组织思路和关键事件。

13. 帮助读者关注重要事件。

14. 帮助读者找到关键点。

15. 有助于简化复杂的、有细节的话题。

16. 有助于工作繁忙的读者进行快速浏览，提升视觉效果。

## 三、教学原则和教学内容

备忘录的写作以非正式、简洁和清晰为原则，因此要避免唐突、过谦或者多余的表述。由于备忘录对结构要求较高，教师应引导学生在动笔撰写之前，仔细思考如篇幅长短、繁简程度以及话题中心内容等问题，以便规划全文。尤其对长篇备忘录而言，清晰的结构会在很大程度上提升收件人的阅读感受。在进行备忘录写作教学时，可以遵循POSE原则。

P代表positive，指的是备忘录尽量使用肯定语气写作，让人感到愉快的备忘录更容易得到对方的合作。例如，用Please do be on time替代Don't be late for the meeting。

O代表only，指的是一份备忘录最好只对应一个主题。将不同主题塞入同一备忘录是不明智之举，若确有多于一件事宜需要讨论，则宜另写其他备忘录。

S代表short，指的是备忘录写作常使用短句和短段落。参见下面两例：（1）We should take determined effort to respond positively to the need for introducing a practical and visible plan that can bring about absent reductionand efficiency promotion.（2）A firm action should be taken，so we can cut down absentee and be more efficient. 其中例（1）显得冗长、拖沓，词汇难度较大，不易于阅读；例（2）则用简洁明了的语句将问题阐明。

E代表easy，指的是简单的词语是备忘录的不二选择。不要指望工作繁忙的收件人在读不懂memo的时候会去查字典，因此简单用词能助力沟通，可用chance替代opportunity，用thorough替代exhaustive。

教学内容包括备忘录的格式、写作框架及写作风格。

备忘录格式：从基本格式上看，备忘录可分为信头和正文两部分。其中信头除了 MEMO 或 MEMORANDUM 的字样以外还包括四部分：To，From，Date 和 Subject。

企业通常有一个特殊的备忘录信头格式设定，该信头显示企业的信息较少，而部门的信息更多。在稍正式的备忘录写作中，To 部分要包括收件人的称谓和全名，称谓中若有敬称和专业称谓两个可选时，宜使用专业称谓。在非正式写作中则可使用收件者名甚至昵称；From 部分不需要使用称谓，可填写部门信息；Date 部分需使用月份的全拼或标准缩写，不宜以数字代表月份；Subject 须简洁而清晰，宜使用名词性词组或非完整句子，全部单词大写或首字母大写。

写作框架：备忘录的正文部分通常段落不多，常使用顶格式排列。若涉及内容有限，则可用一个自然段完成。若内容较多，则可使用数字或要点符号进行排列。备忘录中虽不含开头和结尾敬语，但常包括签名部分，根据各机构要求不同有全拼签名或缩写签名。行文一般分为以下四个阶段：（1）开头阶段：介绍问题、背景情况、先前交流状况及写作原因；（2）讨论阶段：按逻辑顺序呈现事实与数据，分段阐述各项事宜，将最重要的事件放在前面，必要时对事件进行列表；（3）总结阶段：帮助读者了解关键点，可以提供采用方法或资料来源等参考信息；（4）结尾阶段：点明需要对方采取的行动及截至期限，以及该行动对收件人的益处，说明自己将采取的行动。

写作风格：由于备忘录属于企业内部交流文件，发件人与收件人互相了解，因而通常采用非正式的写作风格。文体简洁而不失礼貌、清晰和准确性。写作时主要留意发件方与收件方之间的关系，及写作主题，并采用适当的表达语气。

在教学内容方面，为了更贴近实际需求，本章选取其中比较具有代表性的四种类型进行任务设计展示：memo function，subject writing，memo structure，memo revising。

## 四、任务设计及材料

### （一）任务一：Memo Function

Sometimes it is necessary to decide on the most appropriate form to communicate written information. In which four situations below would you use a memo （memorandum）. What might you use in the other situations?

任务一是将备忘录与其他常用沟通方式相结合的一个训练。将各种需要沟通信息的真实场景交汇在一起，以锻炼和复习学生在前面的口语及写作教学中习得的沟通性常识。学生会更容易辨识出刚讲授的四种备忘录功能，而对其他场景所需的沟通方式则会有所犹豫。因此，这一训练的难度虽然不大，却对学生理清思路、把握重点比较有帮助，适合放在学习开始阶段。教师可以适时引导学生复习前面所学知识，还可随机加入其他场景训练加以巩固。

### （二）任务二：Subject Writing

The subject should be written briefly and clear in words or incomplete sentences, all capitalized or initial capitals.

任务二是针对备忘录标题写作的专项训练。非英语本族语者较难把握标题的准确写法，尤其在备忘录这种强调简洁、高效沟通的文体中。要写出符合要求的标题，需要注意大小写、语法、词汇排列、词性等多方面的标准。此纠错训练从同一主题出发，将正误答案混合，作答时学生不仅要判断正误，还应能指出错误项的错误点并予以纠正。该训练可以在教学开始阶段和进行写作训练之前分两次进行，教师可以加入其他素材进行反复练习，以增强学生的认知。

### （三）任务三：Memo Structure

A directive memo states policy, procedures or changes that you want people to follow. Match the structure for ordering information in a directive memo（1-5）with the sentences.

1. Subject line

2. Context statement

3. Introduce key information

4. Action points

5. Summary

任务三是一个常规的排序训练，用于强化学生对备忘录结构的认知。实际上不同写作者对于如何行文有自己的一套风格，有可能不完全按照标准结构进行写作。然而，正文上下文中总会呈现一些痕迹以辅助逻辑展开。作为读者和语言学生，找到这些痕迹将文章还原，并学习如何在自己的写作中应用这些方式，才是本训练的主要目的。教学中，教师不妨将学生习作作为素材，打乱顺序来进行训练，一方面作为良性刺激，另一方面还可以在训练中找到可改进之处。该训练可以在学习中间阶段进行。

## （四）任务四：Memo Revising

Revise the following memo, making it brief and stick to the subject.

Owing to the present furnishing project carried out in the complex, it is of necessity that the photocopy room be transferred before this Friday. The furnishing is to be finish in four weeks. Please be kind enough to let me know which premises you think to be the proper temporal location for the photocopy room by 8:30 tomorrow morning.

We also need some new curtains for the will-be-furnished offices. Pd like to ask you to get this job arranged-purchasing and installing. Don't forget to send me a budget of it before next Wednesday as we can discuss about it at the meeting which is scheduled to be held every Wednesday.

任务四用以训练学生在写作中进行自我修正的能力。由于备忘录篇幅较短，所以对行文有围绕标题、重点突出的隐性要求。本段中窗帘的购买和安装，与标题中文印室搬家通知无直接相关性，按照一份备忘录一个主题的原则，此事件宜单独成篇。此训练可在学生写作实践前后进行，均可起到一定的效果。

# 第四节　简历及求职信写作技巧实践教学

## 一、简历及求职信的功能及特点

简历的英文为 resume 或 CV( Curriculum Vitae，拉丁语，原意为"个人生平")。简历中主要涉及个人信息、教育经历、资格证书及工作经历。通常按类别在小标题下进行分栏写作，以便阅读。简历的写作方式不拘一格，可以采用提纲式、段落式或两者结合式。最常见的是提纲式，因为易于阅读，且展示的信息一目了然。

求职信是求职者用以凸显个人才能，表明自身适合所应聘岗位，并将对招聘公司做出贡献的自我推荐性信函，通常在求职时和简历一起递送。求职信宜简洁、清晰，不需要个人详细情况（可放入简历中）。求职信通常分为三类：有推荐人的求职信（经推荐人建议与某个特定人士联系以寻求工作机会）、回应招聘广告的求职信（对应某一岗位或通知的回复）、非特定前提求职信（在求职公司无熟人也不知是否有空缺岗位）。

## 二、教学重难点

### （一）重难点一：简历写作中的简洁原则

1. 尽量使用标准、传统的表格。潜在的雇主每天要面对数十份简历，若简历内容复杂如迷宫，容易引起反感。

2. 不宜使用花哨的格式。建议用标准 A4 纸，适合装入标准信封或资料夹，便于存放及查阅，这才是专业的做法。保持文件界面整洁干净，少用斜体和粗体、特殊字体以及彩色打印纸。视频简历很少被采纳，除非该公司主营表演行业。

3. 简历尽量直接、真实, 有逻辑性。这样便于阅读者了解应聘者及其事业轨迹。

4. 简历要简短, 尽量保持在一页纸上, 最多不超过两页。若求职者缺乏工作经验, 过长的简历并无法弥补。如果经历较多, 突出重点是更吸引人的写法, 更多细节可以在求职信和面试中展现。

5. 在简历中常用的动词包括 (用以描述个人已取得的成就): created, conducted, coordinated, improved, designed, assisted, provided, addressed, established, solved。

## (二) 重难点二: 简历中的必要和不必要

1. 对于不同岗位的求职, 有必要准备不同的简历;

2. 潜在雇佣者更为感兴趣求职者近期的经历, 有必要将工作经历按照倒叙的方式列出, 并提供供职单位及时间跨度;

3. 对于职业空窗期和已经倒闭的雇主信息, 有必要据实写出, 否则会留下不诚实的印象;

4. 除非前雇主企业的规模世人皆知, 否则有必要对其进行简要介绍, 介绍个人责任和贡献时诚实不夸张;

5. 对刚毕业的学生而言, 课外活动和打工经历有必要写在简历中;

6. 以下个人信息不必要写在简历中: 年龄、性别、身高、体重、旅游经历、个人兴趣爱好、民族、信仰、照片等;

7. 获得的奖励和荣誉不必要放在简历中, 除非对行业有很重要的作用;

8. 薪水需求不必要写, 适当时, 可以放在求职信中。

## 三、教学方式和教学内容

教学方式: 求职类文本的教学建议以学生自主学习为主, 可以将课堂分组学习和课下个人自学相结合, 教师可以在课堂上采用答疑或同伴互评的方式来改进简历及求职信的写作。对教学实践的建议如下:

1. 分组后, 让学习小组草拟出梦想职业文本, 并向班上其他同学表述;

2. 如果学生未确定向哪个公司求职，建议在进行求职系列文本教学前，留出一定时间让学生进行头脑风暴，讨论出希望为其工作的跨国企业，并上网找出这些企业的办公地址及相关信息；

3. 教师也可将相关招聘及公司资料带入课堂让学生阅读并讨论以下问题：不同国家的招聘和晋升制度区别，面试习惯及面试信息；

4. 有可能的话，可以将本单位人力资源部招聘专员请进课堂，向学生介绍岗位空缺情况，或在课堂上介绍招聘过程及面试流程；

5. 让学生进行模拟面试表演。

教学内容：简历不宜过长，一页纸最佳。包括说明应聘者适合该岗位的足够信息，并表明希望得到面试机会的愿望即可。在列举各类经历时按时间倒叙排列，将最近的经历排在最前面。如果是跨行业求职，可单列出与该岗位相关的经历和基础技能。语言上要保持商务性和专业性，不宜使用过于花哨的排版和变化的字体（应聘艺术类或创造性岗位除外），保持排版简明易读。

简历中包含的主要内容有：联系方式、职业/工作目标、工作经历、教育培训以及特殊知识及技能。联系方式包括姓名、地址、电话及邮箱。职业/工作目标是对自己特定目标的表述，常使用短语或完整句子。工作经历中要阐明个人的职责及成就，若跨国求职，可简单介绍前雇主的情况。教育培训中主要涉及与应聘岗位相关的教育及培训经历，并可注明某经历与某技能相关。特殊知识与技能中尤其要注明使用的语言种类及熟练程度。

求职信是对个人的自我推销。它不是对简历中内容的简单重复，而是用以凸显个人技能和价值的工具。同时，也展示求职者希望加入目标公司的意愿。一封好的求职信是专业的、重点突出的，要将个人经历与岗位的相关性一一联系起来。

求职信的写作步骤：（1）了解自己所应聘公司负责接收求职信的职员的姓名及职位，若统一称呼对方为 Personnel Director 或 Manager of Accounting 会被认为懒于收集公司信息，而留下不佳印象；（2）了解该公司情况，是否处于发展期，是否需要某种特定技能及岗位的员工，搜索信息以帮助成功求职；

（3）反思个人资格能力，将符合公司需求的技能、经验及教育培训列出表格；

（4）开始进行求职信撰写，写出收件人称谓及时间，注意使用准确的职位及恰当的称呼语，正确拼写对方姓名；（5）开始正文写作时，可利用步骤（2）中收集的信息，开门见山地写出求职意向和信息来源，准确写出个人能力特点，并提供切实证据或据实描述，不夸张也不保留；（6）用语要商务化、有礼貌，但不可生硬而拒人于千里之外，写作时尽量保持本色，且保持简洁；（7）在结尾时，明确自己将要采取的跟进方式（以电话跟进或写信询问），牢记作为求职者，要对应聘事宜采取主动，积极联系目标公司；（8）仔细校对信函，确保使用了正确的语法及标点。

求职信宜保持一页纸长度，使用标准商务信函格式，使用左对齐齐头式或齐头变体式；要包括收件人地址、日期、封内地址、称谓、正文、结尾敬语、签名等几个部分，尽量确定阅读者姓名以写在称谓处，可以通过电话或推荐人获得，若无法获得确切姓名，则宜使用敬称如 Human Resources Manager 或 Personnel Director，尽量避免以 To Whom It May Concern 这类非明确指向性称谓。使用同一类型的纸张和格式打印求职信和简历，使用黑色或蓝色钢笔进行亲笔签名。

正文部分通常分为开头、重点、行动及结尾四部分。写作时要保持积极及专业的态度。求职信作为第一次呈现给未来雇主的、展现个人写作水平的文本，应尽量使其完美。开头部分表明应聘意图并提供如何了解到岗位空缺消息的来源，若有人推荐，可以在开头时提出，若无相关资源，则宜使用一个吸引关注度的开头；重点部分说明为何自己适合该工作，自己将如何使公司受益，特别要展示自己不同于其他应聘者的能力；行动部分解释自己将会采取的行为，如希望获得面试机会等，并提供自己能参与面试的时间，或合适的话将会致电目标公司协商面试时间；结尾部分保持积极语气。

在教学内容方面，为了更贴近实际需求，本章选取其中比较具有代表性的四种类型进行任务设计展示：covering letter vocabulary, covering letter structure, CV job objective, CV writing style。

## 四、任务设计及材料

### （一）任务一：Covering Letter Vocabulary

Complete the sentences in this letter. Use the job advertisement and the words below.

任务一是对求职信常用词汇的训练。作为正式商务信函的求职信，其用词方面讲求精准到位，更有部分词汇由于使用方式相对固定且出现频繁，从而成为求职信常用词汇。本训练的目的在于让学生熟悉并掌握这类常用词汇的用法，并能举一反三。训练的方式除了选词填空以外，还可以增加难度，变为使用常用词写作、使用近义词改写句子等。教师也可列出求职信常用词汇表，让学生有针对性地学习训练。此训练可以在教学前期，学习过范文篇章之后进行；也可在教学后期，开始写作训练前进行。

### （二）任务二：Covering Letter Structure

A letter to a company that has not advertised a job should show that you have researched the company and considered you're your particular skills could benefit their organization. Look at the example and match the functions 1-6 with the parts of the letter a-f.

任务二是对求职信结构的强化训练。根据前文介绍的开头—重点—行动—结尾四个部分，例文展示了各部分的典型写法及常用句型。训练将逻辑训练和结构意识结合在一起，让学生在段落阅读过程中内化求职信结构。提升难度的方式有打乱顺序后让学生重新排序并自行写出各部分功能；关键连接词填空并排序等。适用于学习完求职信结构之后作为辅助训练。在后两种提升难度的训练中，学生可能会给出不同的排序答案，只要言之有理且逻辑顺畅即可接受。

### （三）任务三：CV Job Objective

A specific job objective may contain all of the following items. Write the appropriate letters under items you see in the sentences below.

任务三强调简历中遣词造句的功能性。前文曾提到，简历不宜长篇大论，长度以一页纸为佳，因此其文句尤其注重实用性及信息量。如何在短篇文字中展示出与岗位有关的大量信息，实际是写作技巧的一种展现，因此形容词和其他限定语的灵活应用很有必要。本训练将简历中的句式进行细分，详解了各限定词的范围及功用，有助于初学者精简文字，言之有物。适用于写作训练前期的文句练习，也可作为仿写模板进行辅助训练。

### （四）任务四：CV Writing Style

This person has a lot of relevant educational experiences and honors, but this section is confusing because the information is not organized or stated well. Combine the education and honors sections. Put everything in reverse chronological order. You may combine items.

任务四是对简历篇章的训练。由于简历不同于其他文体，在事件排列顺序、写作侧重点等方面有独特的写法，因此很有必要锻炼学生对经历进行归类和重新排序的能力。本训练对初学者而言难度较大，教师在任务开始前可给出一些指导性原则，如以时间为单位排列事件、凸显重点事件及经历、避免重复事件，等等。可采取分组讨论的方式，让学生相互协作，共同完成任务。答案并非唯一，但要遵循一定的排列规律和字数限制，从而也帮助学生养成文字精简的简历写作习惯。

## 第五节　会议议程及记录写作技巧实践教学

### 一、会议议程及记录的功能及分类

会议议程是对会议中将要讨论的议题的列表，通常分为常规议题和特殊议题两部分。常规议题包括缺席者致歉、前次会议的记录、前次会后产生事宜等，特殊议题则根据会议目的各有不同。由于会议主席有责任保证会议的正常进行，为了有效主持会议，主席会有一份单独的会议议程，其中包括一些额外的细节，如每个环节的小提示、小细节及有意留出的右侧记录栏，等等。从目的上划分，会议议程可分为以下几个类别：

1. 讨论并做出关键决策；

2. 回顾运营方式；

3. 与各方面联系以告知或获取新信息；

4. 讨论并策划企业掌舵人的成功更替；

5. 确保全公司实施必要的流程、跨部门协作等。

会议记录是会议内容的笔头记录，一份精准的会议记录对与会者和缺席者而言都很有必要。会议记录有多种撰写形式，且各具特点，但其基础功能保持不变——忠实地记录会议决策并总结后续行动：什么行动，由谁采取以及何时采取。会议记录通常分为三类，它们在形式和内容上各不相同：

内部会议记录：由公司人事部门参与，仅限于内部交流。记录方式非正式，可直接记录行动要点（只需记录由谁何时采取何种行动）。

与外部代理（客户或伙伴关系）的会议记录：用于内部交流，记录中常用主观评价。

与外部代理（客户或伙伴关系）的会议记录：用于印刷分享。记录方式最为正式，有可能成为谈判或合同的基础。

## 二、教学重难点

会议记录常常用到有关"说、决策、结束"等动词，如果一味使用某一词汇显得词汇过于缺乏，因此可以选用近义词替换，如替换 said 的词汇有"stated, discussed, proposed, reported, considered"等；替换 decided 的词汇有"confirmed, approved, verified, resolved"等；替换 ended 的词汇有"concluded, terminated, finished"等。此外同义词词典 thesaurus 也是一个很好的选词助手，但要注意不可选用过于生涩的词汇以免弄巧成拙。

## 三、教学方式和教学内容

　　一份设计精良的会议议程将有助于会议的成功召开及目标的顺利达成。此部分内容可以与会议口语训练同时学习，便于学生掌握全部流程及相关技能。由于会议的成功与否很大程度上取决于与会者的参与程度，而与会者如在会前对会议目的充分了解，并对自身在会议上将要做出的发言和讨论有了良好准备的话，无疑将有效推动会议进程。因此，教师很有必要提醒议程设计者有关材料发送、时限规定等注意事项。在指导学生进行会议议程设计时，教师可以用以下的提示性语言进行分步指导：

　　1. 会议的目的是什么？

　　2. 设计的议程是否能实现该目的？

　　3. 议程是否足够简洁？

　　4. 议程结构如何？议题顺序安排是否合适？是否结合会议记录考虑过其他顺序？抑或以项目任务为中心设计议程？

　　5. 与会者是否需要提前阅读议程？议程中是否提及这一点？是否留有足够的时间以供阅读？

　　6. 是否已准备好相关阅读材料，并告知与会者最迟阅读期限？与会者是否遵守要求？撰写者能否提供其他协助？

　　7. 议程及阅读材料是否能及时发送至与会者手中？

　　会议议程形式多样，但通常包括以下要点：会议名称、会议目的、会议地点、开始及结束时间、茶歇、与会者细节（包括大会主席及会议记录员）、缺席者致歉、前次会议的记录、前次会后产生的事宜、本次议题（发言人姓名及时长）、准备参会的材料要求、其他项目及附录。

　　在设计撰写会议议程之前，最好与会议主席共同商议议题。写好后，尽量在开会前 2～3 天发送给与会者。撰写时要留意以下要点：

　　1. 针对会议及所需结果进行设计；

　　2. 帮助与会人员了解会议必要性；

3. 设计最佳的议程顺序；

4. 力求内容清晰，格式一目了然；

5. 在会议开始前分发给与会者。

在进行会议记录写作教学前，教师要提示学生，会议记录员的角色并不仅仅是记录会议内容而已，他们可以被认为是协同主持会议的人物。因为他们不仅可以在与会者表述不清时询问并确认记录内容，还可以在讨论跑题时提示与会者回归主要议题。在进行写作教学时，教师可以引导学生遵循以下写作流程：

1. 尽量在会议前规划好格式及语言风格；

2. 会议时保持冷静自信；

3. 主要记录发言中的要点而非将每个文字都记录下来；

4. 避免旁人打扰；

5. 在不确定时可暂停会议进程，询问问题以明确思路，否则容易出错；

6. 出现不确定的技术性词汇时可以提出问题，以便准确记录；

7. 自己或通过会议主席询问发言人是否明了会议宗旨，及是否有未解决的问题。

在这样的态度和行事方式的指引下，学生能更快了解自己作为记录者在会议中的重要作用，从而能更主动地参与推动会议进程。正式会议记录通常包括以下要点：与会者、缺席者致歉、前次会议的记录及总结、讨论小结、建议决策及投票细节记录、行动要点及责任、下次会议细节。由于会议记录主要是对之前发生事件的记录，撰写时主要应使用过去时态、第三人称及间接语气。

# 第六章　商务英语专业课程中的案例及词汇教学实践设计

## 第一节　案例实践教学步骤

　　案例教学通常分为四个步骤：案例准备、案例分析及辩论、案例总结、案例报告的撰写。

　　案例准备——教师收集、编写、设计与教学内容相适应的、具有真实性的案例。案例以英语为输入语言，通常在进入下一个阶段之前一两周发给学生，以便其阅读并收集必要信息，积极思索，准备好在讨论中提出自己的观点。教师也可以给学生列出一些引导性思考题，帮助学生有侧重地进行准备。

　　案例分析及辩论——教师可根据学生的语言层次或个人工作经验的不同，将他们分成若干小组，尽量保证每个小组都有来自不同背景的成员，这样有助于他们在讨论中进行知识互补，吸收不同的观点，从而可以从多个角度分析理解案例。讨论过程中鼓励每位学生用英语发表观点，每个小组尽量形成一致的观点，小组讨论结束时派出代表向全班陈述本组观点和解决方案。发言完毕后可接受其他小组成员的询问并由本组成员作答。此时教师的功能是组织者和主持人，既要控制好陈述和答疑的时间，也要筛选出主要的观点和解决方案，引导学生找出合理的解决方法。

　　案例总结——总结是对规律和经验的汇总，也是获取知识的方式。总结可以由教师来做，评论案例讨论中的思路、重难点、关键问题，并对学生表现的优点和不足进行反馈；也可以由学生做总结，在案例讨论之初可指定学生观察员，由观察员对同伴的表现、讨论中出现的问题等进行总结性陈述。

案例报告的撰写。在案例总结之后，要求学生对整个案例分析过程形成书面报告，这样不仅锻炼了学生的议论文写作能力、思辨能力，同时深化了学生对案例的体会，他们对案例折射出来的各种问题会有更深刻的认识。教师要对案例报告的格式规范、文体要求进行指导，对学生的书面报告进行批改和反馈。

## 第二节　案例选择要求

真实可信——案例是经过深入调查研究，来源于实践的。案例一定要注意真实的细节，让学生犹如进入企业之中，确有身临其境之感。这样学生才能认真地对待案例中的人和事，认真地分析各种数据，才有可能搜寻知识、启迪智慧、训练能力。为此，教师一定要亲身经历，深入实践，采集真实案例。

客观生动——案例也不能是一堆事例、数据的罗列。案例可随带附件，诸如该企业的有关规章制度、文件决议、合同摘要，等等，还可以有相关报表、台账、照片、曲线图、资料、图纸等一些与案例分析有关的图文资料。客观生动是建立在客观真实基础上的，旨在引发学生的兴趣。

案例的多样化——案例应该只有情况描述，没有结果；有激烈的矛盾冲突，没有处理办法和结论。后面未完成的部分，应该由学生去决策，去处理，而且不同的办法会产生不同的结果。假设一眼便可望穿，或只有一好一坏两种结局，这样的案例就不会引起争论，学生会失去兴趣。从这个意义上讲，案例的结果越复杂，越多样化，越有价值。

相关性——案例是为教学目标服务的，因此它应该与所对应的理论知识有直接的联系。因此要注意所选案例需紧扣教学内容，案例分析的目的是加深学生对所学理论知识的理解，提高学生运用理论知识解决实际问题的能力，因此，所选案例必须是针对课程内容的。

典型性——案例内容具有一定的代表性和普遍性，具有举一反三、触类旁通的作用，而不是实践中根本不会发生的案例，且典型的案例往往涉及的关系比较全面，涵盖的知识较多，有助于学生从各个方面对所学理论加以验证，从中得出正确结论。

# 第三节　营销专题实践教学

## 一、营销的定义及教学原则

营销是通过一系列策划、设计、定价、促销和分销产品或服务，以满足消费者需求并获得利润的过程。社会生活中一直存在着这样或那样的推销需求，而营销的目的是让推销成为多余。营销的目的是充分知晓并理解消费者心理，从而提供符合他们需求的、具有自我推销特性的产品／服务。营销结果的理想状态是消费者已做好购买准备。商务英语中的营销专题教学是以英语为媒介，以商务沟通为目的，以介绍营销中关键概念、词汇、基本营销常识为主要学习内容的教学。因此，教学的侧重点仍在语言上，辅以商务技能训练。

## 二、教学重难点

### （一）重难点一：营销与推销

1. 推销概念要点

（1）消费者被游说而购买非必需品；

（2）商品被商家强行"卖出"，而非被消费者心甘情愿"购买"；

（3）卖能制造／提供的商品。

2. 营销概念要点

（1）寻找市场需求并满足该需求；

（2）制造／提供消费者想要购买的商品；

（3）对新需求进行预期。

## （二）重难点二：营销组合

Product- deciding what to sell its features, benefits and USPs (Unique Selling Points);

Price-deciding what prices to charge, identifying the exact price point for a product (usually a company has different products with different price points aimed at different segments of the market);

Place-deciding how the product will be distributed and where people will buy it, commonly including the distribution channel and logistics operations;

Promotion-deciding how the product will be supported with advertising, special activities, etc.

Key Words of the Four Ps:

Product - product range enhancement; brand recognition; quality control; research and development; inventory; image; guarantees; consumer durables; generics; life cycle; accessories; repairs and support; shelf life.

Price-high-end pricing; profit margin; quantity discount; credit accounts; payment on delivery; price list; production costs; mid-range pricing; price war; import tariffs; VAT; cash discount; suggested retail price.

Place-point of sale; factory outlets; warehousing; channels of distribution; transportation; internet sales; chain stores; shopping mall kiosks; mail order companies; market coverage; just-in-time delivery; order processing.

Promotion-TV commercials; free samples; two-for-one sales; newspaper adverts; catalogues; shop displays; mail shots, leaflets and fliers; product endorsement! promotional campaigns; packaging; give a ways; unique selling proposition / point; sponsorship. (Majorie Rosenberge, 2005)

## （三）重难点三：制定营销策略

企业为规划其整体营销工作，通常会制定一个具有切实可行的目标的长期营销策略。在制定营销策略时，通常遵循以下的步骤：

1. 收集数据做出市场趋势预测—回顾企业的市场定位—找准重点—回顾

企业目前产品系列—进行调整—进行市场调研—获取市场需求信息—研发新产品；

2. 分析对手行为并决定如何做出回应；

3. 分配资源——做出预算；

4. 决定广告投入类型——赞助商、明星代言人；

5. 提升企业形象及品牌形象。

### （四）重难点四：品牌塑造

品牌有各自的形象、个性和定位，可以是年轻有活力、传统有保障，也可以是突破有创新、尊贵而奢侈，还可以是温暖而舒适、浪漫而温馨。消费者在使用该品牌时能够将相关的感受带入，则品牌已成功塑造自身形象。赞助商活动和找明星代言是品牌塑造的两大法宝，当一个品牌与重大体育赛事或者时尚明星联系起来时，消费者能自动将其所代表的价值观和生活方式关联起来。

### （五）重难点五：SWOT 分析

SWOT 是四个单词的组合，分别为 strengths，weaknesses，opportunities，threats，即产品或企业的优势、劣势，及其面对的机遇与挑战。其中优劣势为产品自身固有，属于内因；而机遇和挑战由市场决定，属于外因。

### （六）重难点六：网络营销

网络流行词营销，也被称为病毒营销，使用病毒式传播商业广告进行运作。广告由网络用户自行转发。广告内容及形式多样化，有搞笑短片、互动游戏、图片等能引起用户转发分享兴趣的形式。营销媒介有电邮、聊天室、论坛，乃至视频网站等。

电邮营销，形式相当于直邮，但是通过电子邮箱进行。进行营销时要保证邮箱地址的准确度，找准潜在客户邮箱，弄清客户喜好，否则广告邮件直接成为垃圾邮件；还要对邮件的形式进行设计，保证邮件的吸引力，可使用免费礼品、折扣等，设定最后期限，帮助客户进行有效反馈。

微信/微博营销，可与网络用户进行有效互动。营销内容可设计成可读性强、有价值的小故事以展示专业性，保持定期更新以抓住读者，故事后加入分享提示以扩大阅读人群，跟踪记录读者信息及最受欢迎内容，列出产品图片及公司网址。

## 三、教学内容

简介：BBC 在 2011 年制作的一部纪录片，片中介绍了日常基础食材如瓶装水、麦片和乳酪被商品化的过程。这一系列纪录片可以作为很好的案例教学素材，其中涉及的商务知识点包括：全球化、营销技巧、分销渠道及物流，等等。该纪录片比较了生产上述食材的数家跨国企业不同的营销策略，并揭示了这些产品的营销活动给消费者行为带来的影响。

案例分析环节中可能的活动设置：侧重营销策略的听力填空练习、侧重策略异同点比较的听力训练、SWOT 分析、现代资本主义内容听写、关于撒切尔夫人的私有化政策问答、危机解决策略（使用商务会议形式讨论得出）、竞争对手分析及词汇学习、生活方式改变讨论、食品品牌及广告策略、可口与百事的可乐之战素材、资本主义优劣势讨论、水资源短缺问题及企业社会责任、石油业及纯净水塑料瓶带来的生活方式改变讨论、与水相关的其他材料搜集讨论等。

# 第四节　管理专题实践教学

## 一、管理的定义及教学原则

Harold Koontz 认为管理是一门艺术，它是在正式机构中与员工一起完成工作的艺术，还是创设工作环境的艺术，使得每个个体既可以独立作业，同时又能相互协作完成团队的共同目标。根据美国知名商业学教授 Peter Dmcker 的解释，一个企业管理者的工作可以被分为策划（制定目标）、组织、融合（激励和沟通）、评估并发展员工。第一，企业高级管理者要制定目标，并确定企业如何能实现这些目标。制定目标的过程包括确定策略、计划以及具体措施，并分配好人员及资金；第二，管理者进行组织，通过对企业活动及其相互关系的分析和分类，将工作划分为便于管理的子活动并进而分成个人工作职责，然后选定人员来管理并执行这些工作；第三，管理者进行激励和沟通，帮助进行个体工作的员工组成小组，确定薪酬和升迁标准，管理和监督下级员工；第四，管理者对员工的绩效进行评估，衡量全公司及员工个人的目标是否实现；第五，管理者发展员工，包括自身发展和下属的职业发展。商务英语中的管理专题教学是以英语为媒介，以商务沟通为目的，以介绍管理中关键概念、词汇、基本管理常识为主要学习内容的教学。因此，教学的侧重点仍在语言上，辅以商务技能训练。

## 二、教学重难点

### （一）重难点一

- 建立高效团队过程中所需的沟通技巧，获得所有团队成员的承诺；
- 制定企业工作目标和愿景，并向员工传达；
- 与员工分享决策过程；
- 召开员工会议并积极敦促员工参与。

### （二）重难点二：授权过程中所需的沟通技巧，向被授权者解释任务内容

- 了解被授权者的犹豫和担心；
- 获取被授权者的同意和承诺；
- 在授权项目进行过程中进行信息反馈。

### （三）重难点三：激励机制及马斯洛需求层次理论

管理者的工作重点之一是激励下属高效地完成工作，马斯洛需求层次理论常被用于这个领域。马斯洛将人的需求分为五个层次并逐级递增，它们分别是：生理需求（包括对事物、水、空气、睡眠等的需求）、安全需求（包括对安全和寻求保护的需求）、社会需求（包括对爱和归属感的需求）、尊重需求（包括对被尊敬和地位的需求），以及自我实现需求（包括自我发展的需求）。基于此理论，

管理者对员工的激励除了物质方面的如薪酬和福利以外，也有各种精神层面的激励方式。

Self/actualization needs（self-development）

Esteem needs（respect，status）

Social needs（belonging，love）

Security needs（safety，protection）

Physiological needs（food，water，air，sleep）

马斯洛的需求层次

商务英语中的案例及词汇教学设计：

• 形式多样、内容有趣的工作，在必要时进行约束和约定责任；

• 成就感，让员工在工作出色时感受到成功的喜悦；

• 因为工作被管理者和同事当众表扬及致谢；

• 感觉所做的工作有价值，对社会有贡献；

• 与相处融洽的同事共事；

• 工作环境让人满意；

• 有职业晋升、个人发展以及学习新技能的机会。

## （四）重难点四：CSR（Corporate Social Responsibility）企业社会责任

企业社会责任涉及三方面：民众、地球及利益，因此被定义为，在企业进行决策时将公众利益考虑在内。

企业社会责任包括以下内容：

• 为全体员工包括在发展中国家工作的工人提供良好的工作环境；

• 为公司经营所在地的社区提供协助；

• 在必须对自己受质疑的行为做出合理解释时勇于承担责任，并保证信息透明度。

## 三、教学内容

常规教学内容如下：

•领导能力——善于激发和鼓励下级和员工；进行团队建设以促使来自不同学科、有着不同专长的个体协同工作；有效分配工作使得员工共同承担责任，授予下属权限，减轻上级负担。

•团队建设——联合众多人才并将他们融为一个整体，让每个员工的技术与能力得到发挥，从而能够完成由领导者个人或者其他单独力量无法完成的艰巨目标、任务。简言之，团队建设就是协同工作，而获得的效益超过个体创造效益的总和。

•授权——正式授予某个人或某职位整个或部分权限以进行特定的行为活动。管理者通过授权赋予下级执行任务的责任，管理者自己则得到了更大的管理能力。授权的步骤通常分为：确定授权项目确定被授权者—进行授权—建立反馈机制以保障授权相关各方的信息多向流动畅通。

•员工福利——员工获得的除工资以外的经济收益，形式多样，如公司的养老金计划、健康保险、带薪休假和病假。除此以外，还有被称为额外收入的其他形式，如公司派车、笔记本电脑、智能手机、公费参加会议、培训、公司午餐、在家办公、弹性工作，等等。

## 第五节　管理及营销专题的词汇训练

管理及营销方面的词汇训练是案例教学的有益补充。这类训练可以穿插于课前热身、课上复习及课后回顾中。词汇训练的形式是多样的，其主要目的是帮助学生熟悉词汇的意义，掌握词汇使用的语境并进行熟练拼写。以下选取了几个各具特色的词汇训练任务，并给出相应的运用建议，教师可以根据其难易程度进行参照设计，并灵活使用。

# 一、任务一：营销及管理词汇测试

Test your professional English vocabulary

## （一）Marketing

1. Your customers are no longer demonstrating Brand Loyalty. Should you be worried?

2. You are going to promote your product or service as a Lass Leader. Explain...

3. What are the 4Ps?

4. As a result of Demographic Segmentation« Peter is an A and Paul is a C2. Who would you employ to paint your house?

5. Name some Flagship Brands.

Test your professional English vocabulary

## （二）Management

1. Your company has a new CEO. What is her full job title?

2. Your company Chief Knowledge Office said this：M Knowledge is our Intellectual Capital." What is he talking about?

3. Susan has just broken through the Glass Ceiling. Should we congratulate her or call an ambulance?

4. Your production manager keeps referring to TQM and JIT. Explain the acronyms.

5. Forming，Storming，Norming，Performing and Mourning…These are all stages in which process? 任务一使用问答方式融入营销和管理中的基础性词汇，学习者需要掌握这些词汇的含义才能作答。看似简单的问题后面不仅包含对词汇表层含义的理解，还得考虑各个词汇的实际用途和问句的上下文语境。此任务可以作为营销和管理教学的导入环节，起到提纲挈领的作用。

## 二、任务二：人力资源词汇填空

Gapped sentences

1.What people lose their jobs, they often get a (　　)

2.Some companies offer (　　) in addition to or instead of cash bonuses.

3.Managers often receive (　　) when their departments reach specific goals.

4.Some companies have a (　　) for their employees so that they can buy lunch at a reasonable price.

5.A company car and health insurance can be part of the (　　) of a job.

6.Most companies pay into a (　　) so their employees can have an income when they retire.

7.Some job advertisements give the (　　) and some give the hourly or monthly one.

8.Women who have a baby can get time off called (　　).

9.(　　) are offered by companies for people with small children.

10.An extra benefit is often offered as a form of which a pouse or family in the case of death of the wage earner.

11.People working in retail businesses (　　) get a part of their benefil packages.

12.A common perk for senior management is a (　　).

13.People in companies who often have to entertain clients usually have an (　　)

14.When employees fall (　　) they can receive until they can return to work.

15.When employees work (　　), they have a certain amount of freedom to decide when they want to start and finish work.

16.Companies have found that (　　) is a way to deal with part-time workers.

任务二将与人力资源相关的词汇置于典型句式中，一方面凸显了词汇的重要性，另一方面便于学生根据设置好的语境尽快熟悉词组意义，并掌握其用法。此任务涉及词汇较多，覆盖面较广，适合作为复习训练。

## 三、任务三：营销策略词汇替换

Replace the underlined word or phrase with one word from the box. The meaning must stay the same.

1.I think our main competitor has changed their decision about which segments to target in the market. Now they have more exclusive items at a higher price，（positioning）

2.The range of white goods we introduced three years ago is doing well in the market. Maybe we just need to give them a superficial redesign of the exterior to make them look more contemporary，（facelift）

3.The new advertising campaign isn't designed to produce immediate sales. Instead，we want to increase brand recognition at a more general level，（awareness）

4.This line is looking old now and sales are very low. I think it's time to remove it from the market completely，（withdraw）

5.It's difficult to predict market trends exactly，but the computer screen might become less important as the mobile phone screen becomes more important.（forecast）

6.We need to think of a good short phrase that will stick in peopley s memory to help launch the new brand，（slogan）

7.We have spent a lot of money developing the brand. Now it has a clear image that makes it different from the others.（identity）

8.We are just a small company and we only started a few years ago. We can learn a lot by studying our competitors? way of doing things in the market.（behavior）

任务三灵活地使用词汇替换的方式将营销策略用词与其定义之间的关联性表现出来，学生在熟悉各种词汇含义的前提下可以轻松作答。教师也可借此机会向学生追加提问，或者让学生对其中关键点进行举例说明从而深化训练效果。

## 四、任务四：营销组合纵横字谜

任务四采用的是本书前面章节介绍过的纵横字谜任务，学生需要一一解决多个字谜才能找出对应词汇，而此任务不同于其他词汇任务之处在于对词汇拼写的严格要求，如果在关键的交叉处拼写有误则无法完成任务，如果单词的字母个数正确而词汇不正确，则会影响与其交叉的纵向或横向的词汇。因此，纵横字谜是一个很好的词汇记忆助手。

# 参考文献

[1] 鲍文，田丽. 高校商务英语专业实践教学创新研究 [M]. 杭州：浙江工商大学出版社，2021.

[2] 吴朋. 高校商务英语教师专业知识发展研究：英文版 [M]. 上海：上海交通大学出版社，2021.

[3] 刘晓旭. 高校商务英语专业"双创"型人才培养路径研究 [M]. 长春：吉林出版集团股份有限公司，2021.

[4] 梁虹，李万轶. 高校英语与商务英语专业教学改革探索与实践 [M]. 北京：中国社会科学出版社，2016.

[5] 侯晓玮. 高校商务英语专业实践教学体系研究 [M]. 海口：南方出版社，2018.

[6] 葛厚伟，陈惠君，罗莉. 应用型高校商务英语专业教学研究 [M]. 北京：光明日报出版社，2014.

[7] 何劲虹. 高级商务英语教程 [M]. 重庆：重庆大学出版社，2019.

[8] 张靖，赵博颖，孟杨. 商务英语专业发展研究 [M]. 哈尔滨：哈尔滨工程大学出版社，2017.

[9] 王淙，张国建，马青. 商务英语谈判 [M]. 北京：对外经济贸易大学出版社，2017.

[10] 郭艺，于志学. 商务英语翻译专题研究 [M]. 长春：吉林出版集团股份有限公司，2019.

[11] 张磊. 高校商务英语人才培养研究 [M]. 北京：现代出版社，2019.

[12] 孙洋子，张海贝，杜凌俊. 高校商务英语写作教学与实践创新研究 [M].

长春：吉林大学出版社，2022.

[13] 孙悦. 英美文学翻译与商务英语教学研究 [M]. 北京：知识产权出版社，2019.

[14] 王淙，马青. 商务英语口语：第 2 版 [M]. 北京：对外经济贸易大学出版社，2019.

[15] 蒋大山，张宗宁. 教育转型发展与高校商务英语的创新教学研究 [M]. 长春：东北师范大学出版社，2018.

[16] 杨鹏，骆铮. 基于教育转型发展视阈下高校商务英语教学的创新研究 [M]. 长春：吉林人民出版社，2019.

[17] 文祺，孙宏实. 2020 年全国高校专业解读 [M]. 北京：北京理工大学出版社，2020.

[18] 张立玉，蔡蔚. 商务英语实训模式 [M]. 武汉：武汉大学出版社，2016.

[19] 王战平. 商务英语写作与翻译 [M]. 武汉：华中科技大学出版社，2010.

[20] 刘阿娜. 商务英语教学理论与实践 [M]. 北京：北京工业大学出版社，2019.